Dresden mit dem Zwinger, Meißner Porzellan, die Sächsische Schweiz: das sind auch für die Bürger der alten Bundesländer gute Bekannte. Aber schon beim Erzgebirge oder bei der ›Boomtown‹ Leipzig fehlen oft die Bilder, und zur Lausitz fällt den meisten kaum mehr als die Braunkohle ein – wenn überhaupt. Die DDR war für die Bundesbürger ein weitgehend unbekanntes Land. Und leider sind auch heute noch, Jahre nach der deutschen Einheit weite Flächen der neuen Bundesländer für die Bürger im Westen ›terra incognita‹ geblieben.

Natürlich zieht es Touristen vor allem zu den genannten Highlights. Aber Sachsen ist nicht nur Urlaubslandschaft. Als ›Freistaat‹ steht es für eine bemerkenswerte Tradition, die sich nicht im kurfürstlichen Barockglanz erschöpft, sondern auch Hochburgen der Handwerkskunst und der industriellen Revolution umfaßt. Und als neues Bundesland repräsentiert es – in Leipzig beispielsweise – eindrucksvoll

## Sachsen

den Willen, die Zukunft zu gestalten. Es ist also interessant, etwas genauer hinzuschauen.

Abseits der Klischees ein facettenreiches Bild unserer Bundesländer zu zeichnen, ist das Ziel dieser HB-Bildatlas-Reihe. Natürlich stellen wir dabei das touristische Angebot vor: ERLEBEN & GENIESSEN. Daß Bilder nicht nur schön anzuschauen sind, sondern oft mehr als viele Worte sagen, gilt auch für historische Fotos: Impressionen von HEUTE & DAMALS. Ganz im Vordergrund stehen LAND & LEUTE: ein Land, das wie Sachsen nicht nur Reiseziel, sondern auch Lebensraum ist und das weit mehr zu bieten hat als das prächtige ›Elbflorenz‹. Sich dieses Land genau anzuschauen und die Menschen, die hier leben und arbeiten, kennenzulernen, lohnt sich bestimmt.

# LAND & LEUTE

Schloß Moritzburg

# HEUTE & DAMALS

Dresdens Zentrum – weit vor 1945

# Inhalt

# ERLEBEN & GENIESSEN

Konzert im Dresdner Zwinger

# TIPS & HINWEISE

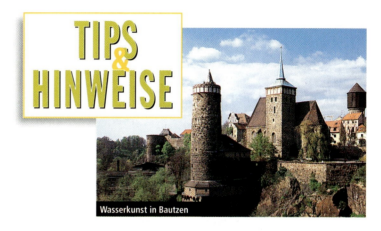

Wasserkunst in Bautzen

Sachsen

Sachsen

Sachsen

Sachsen

Sachsen

Sachsen

Sachsen

Sachsen

Sachsen

# LAND & LEUTE

Sachsen allgemein

Dresden & Umgebung

Leipzig & Umgebung

Erzgebirge und Vogtland

# Sachsens Glanz strahlt noch immer

Prächtige Bauten erinnern in Sachsen an eine ruhmreiche Vergangenheit. Hier stand die Wiege der Reformation. Man residierte im Prunk des barocken Dresden. Die Könige gingen, aber Merkur und die Musen sind nach wie vor im Land. Der Handel, die Bildung und tüchtige Menschen machen das Bundesland stark, das sich stolz ›Freistaat‹ nennt. Mit historischen Tugenden geht es in die Zukunft (Foto: Dresdner Zwinger – Blick durch den Semperbau auf den Theaterplatz).

# Mit hoch erhobenem Haupt

**Seit über 1000 Jahren bleiben sich die Sachsen in einem treu – in der Kunst, sich nicht unterkriegen zu lassen – Ausflüge in eine wechselhafte Geschichte.**

Meistens hat es die Geschichte mit den Sachsen nicht gut gemeint: Der Nordische Krieg (1700–1709) ging ebenso verloren wie der Siebenjährige (1756–1763). In der Leipziger Völkerschlacht (1813) standen die Sachsen bis zum bitteren Ende auf der Seite Napoleons und mußten daraufhin – auf Beschluß des Wiener Kongresses – drei Fünftel ihres früheren Gebietes an Preußen abtreten. Noch im Deutschen Krieg von 1866 setzten sie auf die falsche, die österreichische Karte.

Immer wieder haben Historiker den sächsischen Herrschern politische Unfähigkeit attestiert. Ganz besonders schlecht kam dabei ausgerechnet jener weg, den die Sachsen bis heute am meisten verehren: August der Starke (1670 bis 1733). Ein Genußmensch sei er gewesen, ein Verschwender ohne Moral und Verantwortung, der allein seinen Vergnügungen lebte. 365 Kinder habe er gezeugt, behauptete die Schwester des Preußenkönigs Friedrich II. – eine völlig aus der Luft gegriffene Zahl, die dennoch bis heute gern als historische Wahrheit verbreitet wird.

## August der Starke

Gewiß war August der Starke ein Mann, an dem sich die Phantasie der Nachwelt trefflich entzünden konnte. Doch genauerer Betrachtung halten die einseitigen und pauschalen Urteile, die über diesen Fürsten gefällt wurden, nicht stand. Tatsächlich war er ein Förderer der Künste und gehört zu den größten Mäzenen der deutschen Kulturgeschichte. Und der für seine körperliche Stärke so bekannte sächsische

**Porträts und Mobiliar im Augustzimmer auf Schloß Moritzburg zeugen vom Kunstsinn August des Starken.**

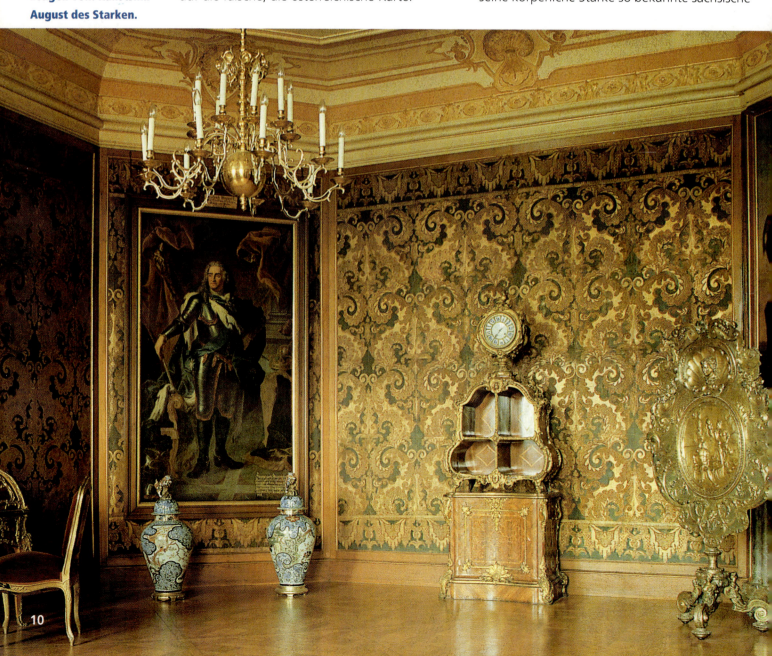

Kurfürst – der 1697 zum Katholizismus konvertierte, um König von Polen werden zu können – war auch nicht ohne politische Ziele und Visionen. Die Zeit jener Union (1697–1763), die das sächsische Kurfürstentum mit dem polnisch-litauischen Großreich verband, ist für beide Länder eine kulturell überaus fruchtbare Periode gewesen – obwohl sie in den Interessenkonstellationen der europäischen Mächte keinen Bestand haben konnte. An Ideen und Konzepten, an Energie und Fleiß hat es den Sachsen auch in späteren Zeiten niemals gemangelt. Was ihnen – wie schon August dem Starken – jedoch auf dem Feld der Politik meistens fehlte, war vor allem eines: Fortüne.

Doch man kann die Dinge auch anders betrachten. Preußens Gloria ist heute nur noch Geschichte, Sachsens Glanz strahlt dagegen noch immer. Prachtvolle Schlösser und Kirchen, bedeutende Sammlungen, hervorragende Kunstwerke und Zeugnisse einer dynamischen industriellen Entwicklung erinnern auf vielfältige Weise daran, daß Sachsen – allen Niederlagen

zum Trotz – ein blühendes Land geblieben ist. Die Kriege gingen zwar meistens verloren, mit Friedenszeiten wußten sich die Sachsen aber stets zu arrangieren. Statt verlorener Größe nachzutrauern, übten sie sich in der Kunst, sich nie unterkriegen zu lassen, einer Fähigkeit, die sie bis heute souverän beherrschen.

**Im Nymphenbad des Dresdner Zwingers ist immer noch gut Lustwandeln.**

**Dresden: Auf dem Neustädter Markt steht August der Starke als Goldener Reiter, Sinnbild für Sachsens Glanzzeit.**

Der Zweite Weltkrieg wurde von Deutschland begonnen und verloren – nach dem Ende des Krieges, der zugleich die Befreiung vom Nationalsozialismus brachte, standen die Sachsen wieder auf der Verliererseite. Während die westdeutschen Länder die Demokratie und eine leistungsstarke Marktwirtschaft aufbauen konnten, stolperten die Sachsen von der einen Diktatur in die nächste. Parteibürokraten bestimmten Politik und Wirtschaft, erstickten Initiative und Unternehmergeist. Sächsische Tugenden zählten auf einmal nichts mehr, man mußte sich vor allem anpassen.

Sogar die Geschichte sollte getilgt werden. Chemnitz verlor seinen Namen und wurde nach Karl Marx benannt – den Kommunisten zwar heilig, aber ohne die geringste Beziehung zu dieser alten Industriestadt. Und auf SED-Beschluß wurde Sachsen 1952 in die Verwaltungsbezirke Dresden, Leipzig und Chmenitz zerschlagen. Das Land Sachsen hörte auf zu bestehen – doch so einfach ließen sich die Menschen nicht ihrer Identität berauben.

**Das Prachtstück aus der Kutschensammlung auf Schloß Augustusburg ist ein frühes Beispiel für sächsische Wertarbeit.**

Erst einmal sollte es jedoch noch dicker kommen. Für Sachsen war es ein Verhängnis, daß der berüchtigte SED-Chef Walter Ulbricht, der die Berliner Mauer gebaut und die Grenzen dicht gemacht hatte, unüberhörbar aus Leipzig kam. Doch obwohl auch manch anderer Sachse in den Ostberliner Schaltstellen der SED Karriere machte, hatte die DDR durchaus keinen sächsischen Charakter. Die sächsischen Tugenden Innovationsvermögen, Präzision, Erfindungsreichtum, Weltläufigkeit und Unternehmergeist waren in der Kommandowirtschaft der DDR mit ihrer miefigen Atmosphäre nicht gefragt. Auf die Dauer konnte das nicht gutgehen, und es ging auch nicht gut.

## Sachsen blieb vorn

Sogar unter widrigen DDR-Bedingungen gelang es den Sachsen, sich zu behaupten. Mit großem Improvisationsvermögen bewältigten sie die permanenten Engpässe und erwirtschafteten auf oft überalterten Produktionsanlagen den größten Teil des ostdeutschen Bruttosozial-

produks. Obwohl die meisten Wissenschaftler nicht reisen durften, fanden viele von ihnen Mittel und Möglichkeiten, sich mit West-kollegen auszutauschen.

In den fünfziger Jahren war der in Zwickau kon-struierte Trabi ein hochmodernes Auto. Daß er bis zum bitteren Ende der DDR lediglich kosme-tisch verändert wurde, lag nicht an der Unfähig-keit der sächsischen Ingenieure. Jahrzehntelang hatten sie moderne Alternativen zu dem ver-alteten Zweitakter entwickelt, wurden aber von der Partei immer wieder ausgebremst.

Man mag es als Ironie der Geschichte betrach-ten, daß die DDR schließlich ausgerechnet un-ter die Räder des Trabi geriet: Die Mehrzahl der DDR-Bürger, die es 1989 endgültig satt hatten, sich politisch bevormunden zu lassen, sprach sächsisch. Wer sich nicht unterkriegen lassen wollte, mußte sich entscheiden: Die einen gin-gen in Dresden und Leipzig auf die Straßen, die anderen fuhren mit ihren Zweitaktern gen Westen. Gemeinsam zwangen sie die SED in die Knie. ›Wir sind das Volk!‹ – der Sprechchor der Demonstranten, der zum Symbol der Wen-de wurde, hörte sich im Herbst 1989 überwie-gend sächsisch an. Nur ein Jahr später gab es die DDR schon nicht mehr, dafür aber ein Bun-desland Sachsen, das sich stolz ›Freistaat‹ nennt.

Daß auch die Freiheit sehr verschiedene Gesich-ter hat, haben die Sachsen seit 1990 in einem gemeinsamen Crash-Kurs erfahren. Da war es ganz hilfreich, sich gelegentlich auch alter Fähigkeiten zu erinnern: vor allem der Kunst, sich nie unterkriegen zu lassen.

**Das Wahrzeichen von Chemnitz, im Volksmund der ›Nischl‹, erinnert daran, daß die Stadt zu Zeiten der DDR Karl-Marx-Stadt hieß.**

**Zeitzeugen in Chemnitz: Der zu Stein gewordene Wald hinter dem Museum ist 250 Millionen Jahre alt. Rechts am Platz das Opernhaus.**

# Was bedeutet eigentlich ›Fischelands‹?

**Die Mentalität der Sachsen ist so eigen wie ihr Dialekt. Oft belächelt, gilt das Sächsische nach dem Italienischen aber als die klangreichste Sprache Europas. Und eines haben die Sachsen im Laufe der Geschichte immer wieder bewiesen: Sie sind ›helle‹.**

Allein ihr Dialekt versetzt sie schon in den Stand einer unverwechselbaren Minderheit. Und Minderheiten haben es oft nicht leicht. Daß man die Sachsen aufgrund ihrer Sprache gern verlacht, daran haben sie sich längst gewöhnt. Manchmal schämen sie sich dann doch für ihre Mundart. Der Schmähungen gibt es viele: ›Die Sprache dieser Leute beleidigt mein Ohr‹, schrieb zum Beispiel der Dramatiker Franz Grillparzer, der die Sachsen gar mit quäkenden Fröschen verglich.

## Als Sächsisch fein war

Angesichts solcher Anwürfe lohnt sich ein Blick in die fernere Vergangenheit, in der kein Mensch auf die Idee gekommen wäre, sich über das Sächsische lustig zu machen. Martin Luther bediente sich für seine Bibelübersetzung des Meißner Kanzleisächsischen, das damit erheblichen Einfluß auf die Herausbildung der hochdeutschen Sprache nahm. Ebenfalls schwer vorstellbar, aber trotzdem eine Tatsache ist es, daß auch der in Frankfurt geborene Johann

**Harmonische Töne aus Sachsen: Clara Schumanns Flügel ziert das Robert-Schumann-Haus in Zwickau ebenso wie den Hundertmarkschein.**

Wolfgang von Goethe sächselte. Kein Wunder, hatten ihn seine Eltern doch zum Studium nach Leipzig geschickt, damit er hier ein ordentliches Deutsch lerne. Denn noch im 18. Jahrhundert galt der sächsische Dialekt als außerordentlich fein und vornehm. Johann Kaspar Riesbeck notierte in seinen berühmten, 1783 erstmals erschienenen ›Briefen eines reisenden Franzosen über Deutschland‹ im Kapitel zu Sachsen: ›Zum erstenmal hörte ich nun das gemeine Volk verständig deutsch sprechen; denn durch ganz Schwaben, Bayern und Österreich spricht man ein Jargon, das einer, der das Deutsche von einem Sprachmeister gelernt hat, ohne besondere Übung unmöglich verstehen kann. Nun bin ich erst in dem eigentlichen Deutschland.‹

Da sich das so gründlich geändert hat, versuchen auch viele Sachsen, ihre Mundart zu verleugnen – allerdings fast immer ohne Erfolg. Der Dresdner Lyriker Thomas Rosenlöcher könnte ein Lied davon singen: »Sprich anständig, Domas‹, sagte die Mutter, die auch sächsisch sprach. ›Sprich ordentlich, Domas‹, sagte der Lehrer, der auch sächsisch sprach«, erinnert er sich an die fruchtlosen spracherzieherischen Versuche seiner Kindheit.

Aber was hat es mit dem Sächsischen eigentlich auf sich? Bernd-Lutz Lange, Leipziger Kabarettist und Verfasser eines deutsch-sächsischen Wörterbuchs bringt die wichtigste sächsische Sprachregel auf einen ganz einfachen Nenner: ›De Weechn besiechn de Hardn!‹ (Die weichen besiegen die harten Konsonanten). Und sein Kollege Jürgen Hart (›Sing mei Sachse sing‹) weiß zu differenzieren: ›Die meisten der mit halboffenem Munde gesprochenen Vokale quäken freilich ein wenig, dafür aber entschädigt die fehlende Konsonantenhärte. Und da die restlichen artikulationsintensiven Laute ohnehin kurzerhand verschluckt werden, kann man mit Recht behaupten, nach dem Italienischen sei Sächsisch die klangreichste Sprache – wenigstens in Europa.‹

## Vom Schein und Sein

Doch selbst die historisch und sprachgeschichtlich fundierteste Apologetik hilft den Sachsen im Alltag nur wenig. Denn es bleibt dabei, ihre Sprache gilt als unfein und kurios. Aber Vorsicht, hier beginnt ein fataler Irrtum: Mögen die Schwaben, Westfalen oder die sprachlich so vornehmen Hamburger sich vor Vergnügen auf die Schenkel hauen, wenn sie jener Mundart lauschen, die in ihren Ohren irgendwie

Zwickaus berühmtester Sohn, der Komponist Robert Schumann, in klassischer Denkerpose am Hauptmarkt der Stadt.

15

VILLA „SHATTERHAND

Der Schriftsteller
Karl May verbrachte
seinen Lebensabend in
der ›Villa Shatterhand‹
in Radebeul.

primitiv oder sogar einfältig klingt. Nur: Klang und Wesen, Schein und Sein liegen gerade hier unendlich weit voneinander entfernt. Denn einfältig oder primitiv sind die Sachsen beileibe nicht. Sie sind vielmehr, wenn schon nicht ausschließlich, so doch zumindest mehrheitlich, ›fischeland‹. Was das bedeutet? Also ganz eindeutig übersetzen läßt sich dieser sächsische Terminus nicht, dafür ist er einfach zu vieldeutig. Aber versuchen wollen wir es dennoch: ›Abr der is schon düschdsch fischeland!‹ oder ›Der is abr wärklich ä fischelandes Gerlchen‹. Wenn ein Sachse so über einen anderen urteilt, dann ist das zunächst einmal anerkennend gemeint. Fischeland sein heißt nämlich tüchtig, ideen- und initiativreich, dabei aber auch umtriebig und äußerst beweglich sein. Allerdings schwingt manchmal in dem Begriff ›fischelands‹ auch noch ein bißchen Schlitzohrigkeit mit, wenn auch nicht auf plumpe, sondern eher auf sympathische Weise.

Wer fischeland ist, kann ein Geschäft oder ein Unternehmen erfolgreich aufbauen, er kann aber in einer Mangelwirtschaft so viele Beziehungen knüpfen, daß er fast alles, was er begehrt, auch tatsächlich bekommt. Wer fischeland ist, arrangiert sich von Fall zu Fall und hat ein gutes Gespür für den Moment, in dem man sich besser zurückzieht.

## Die Sachsen sind ›helle‹

Während ›fischelands‹ zumindest mit einem klitzekleinen moralischen Makel behaftet zu sein scheint, mutet ein zweiter Begriff, mit dem sich die Sachsen gern schmücken, ganz und gar positiv an: ›helle‹. Die Sachsen sind helle – keiner würde das bestreiten wollen. Warum auch, schließlich verbinden sich mit dem kleinen Wörtchen gleich eine ganze Reihe positiver Eigenschaften: Intelligenz, die von gesunder Bauernschläue bis zu akademisch geschultem Denkvermögen reicht, Aufgeschlossenheit, vielfältige Interessen, Kreativität und eine gesunde Neugier. Ohne diese vielfältigen Eigenschaften hätten es die Sachsen im Verlauf ihrer langen

Die ›Villa Bärenfett‹ in Radebeul erinnert an die Wild-West-Abenteuer von Karl May.

Geschichte auch gar nicht so weit bringen können. Sie brauchen keinen Vergleich zu scheuen, denn unter all jenen, die es in Deutschland auf dem Gebiet der Kultur, Wissenschaft, Technik und Politik zu etwas gebracht haben, stellen die Sachsen eine der größten Gruppen. Luther gehört ebenso dazu wie Heinrich Schütz, Johann Sebastian Bach oder Richard Wagner. Sachsen waren auch der Rechenmeister Adam Ries(e), die Dichter Gotthold Ephraim Lessing, Karl May und Erich Kästner sowie der Maler A. R. Penk. Die Liste der großen Namen ließe sich mühelos fortsetzen.

Das Leben genießen können andere wahrscheinlich besser, aber sich bilden und kreativ sein – darin macht den Sachsen kaum jemand etwas vor. Sachsen ist das Mutterland der Reformation, und der Protestantismus mit seinem nüchternen Tugendkatalog hat Land und Leute jahrhundertelang geprägt. Dabei kamen sie meist ohne Eiferertum und Fanatismus aus: Schon nachdem August der Starke 1697 zum Katholizismus konvertiert war, mußte sich das protestantische Volk an einen katholischen Hof gewöhnen. ›Ökumene‹ und ›Toleranz‹ waren den Sachsen damals zwar als Begriffe so unbekannt wie die Dörfer hinter der böhmischen Grenze, praktisch lernten sie aber danach zu leben. Solange sie sich an diese Tugenden hielten, ging es ihnen stets am besten. Das war leider nicht immer so – aber nicht nur in Sachsen.

# Sich regen bringt Segen

**Gewaltige Silberfunde begründeten die wirtschaftliche Blüte Sachsens. Später kam das ›weiße Gold‹ hinzu. Die Wirtschaft lief auf Hochtouren, und schon früh war die Leipziger Messe ein Begriff.**

Das Jahr 1168 brachte Sachsen ein unerwartetes Glück: In Freiberg wurde zum erstenmal Silber gefunden – ein gewaltiges Vorkommen, das schon bald viele Menschen ernährte und die Kassen der Landesherren füllte. Jetzt entstanden Bergwerke und Hütten, Mühlen und Manufakturen. Aus Bauern wurden Handwerker, aus Dörfern Städte. Dort prägte man aus dem Silber Münzen, die überall in Umlauf kamen und Sachsen eine wichtige Rolle in der Geldwirtschaft sicherten.

## Der Rubel rollt

Der Bergbau erforderte innovative Techniken. Zugleich galt es, Rechtsfragen zu klären und andere Herausforderungen zu meistern. In Leipzig entstand 1409 eine bedeutende Universität, und in zahlreichen Städten wurden Lateinschulen gegründet. Wer sich hier ausbilden ließ, bekam meist eine gute Stellung in der Landesverwaltung.

Je mehr produziert wurde, desto stärker florierte auch der Handel. Leipzig war besonders begünstigt, denn hier kreuzten sich zwei wichtige europäische Handelswege. Bald waren die Leipziger Messen für den Warenaustausch zur wichtigsten deutschen Adresse geworden. All diese Entwicklungen führten dazu, daß das Bürgertum schon im späten Mittelalter in Sachsen eine wichtige Rolle spielte, während der Einfluß des Adels eingeschränkt wurde.

Im Vergleich zu den meisten anderen deutschen Ländern war Sachsen zu Beginn des 16. Jahrhunderts eine Wohlstandsregion mit hochentwickelter Wirtschaft und Kultur, einer effizienten Verwaltung und einem geordneten Staatswesen. Kein Wunder, daß die Reformation, die Martin Luther 1517 im kursächsischen Wittenberg angestoßen hatte, hier denkbar günstige Rahmenbedingungen fand. Dank der Fähigkeit seiner Theologen, die wesentlich am Kompromiß des Augsburger Religionsfriedens von 1555 mitgewirkt hatten, und dank der klugen Politik seiner Kurfürsten wurde Sachsen zur protestantischen Führungsmacht.

Während des Dreißigjährigen Krieges wurden zahlreiche Städte und Dörfer geplündert und gebrandschatzt. Die meisten Felder lagen brach, die Menschen hungerten, Seuchen wüteten. Sachsen verlor über ein Drittel seiner Bevölkerung. Der mühsam errungene Wohlstand war dahin.

**Tafelschmuck aus Meißens Porzellan-Manufaktur: ›Schimmel mit Mohr‹ von 1748.**

**Silberlocken aus Freiberg: Der erste Fundort wurde zum ›Freien Berg‹ erklärt, was einen wahren Silberrausch auslöste.**

Silber
Freiberg

Die Schauanlage ›Eisenhammer‹ in Dorf-chemnitz: In Hammer-werken wurden die Stahl-werkzeuge gefertigt, die man im Grubenbau brauchte.

Doch nur wenige Jahrzehnte nach dem Westfälischen Frieden kündigten sich neue, glanzvolle Zeiten an: August der Starke, seit 1694 sächsischer Kurfürst, war 1697 zum Katholizismus konvertiert, um König des polnisch-litauischen Großreiches werden zu können. Durch den Religionswechsel irritierte er zwar seine Landsleute, doch bald spürten die immer noch treuen Protestanten den Duft der weiten Welt: Der katholische König suchte nämlich Anschluß an die Kultur des europäischen Südens und Westens.

### Kulturelle Blüte

Künstler, Musiker, Handwerker, Architekten, Händler, Gelehrte und Adelige aus Frankreich, Italien und Süddeutschland kamen nun an den sächsischen Hof, der bald in sprichwörtlichem Glanz erstrahlte. August gab das Geld mit vollen Händen aus, ließ Schlösser bauen, feierte rauschende Feste und sammelte wertvolle Porzellane. Er beschäftigte zahlreiche Künstler und Handwerker. Die Verbindung mit Polen eröffnete zudem neue Märkte und Handelswege. Auch der Zufall kam zu Hilfe: Und so erfand der Apothekergeselle Johann Friedrich Böttger erfand in Dresden das europäische Hartporzellan. Und August ließ sich das bis heute heißbegehrte ›Meißner Porzellan‹ buchstäblich mit Gold aufwiegen.

Das Augusteische Zeitalter ging mit dem Tod von August III., dem Sohn und Nachfolger Augusts des Starken, 1763 ziemlich glanzlos zu Ende. Der Siebenjährige Krieg brachte Sachsen wieder einmal eine Niederlage. Das Land war geplündert, die Wirtschaft am Boden.

**Der Trabi, das Auto der DDR, wurde in Sachsen entwickelt.**

**Der Geigenbau in Markneukirchen gehört zu den erfolgreichen Wirtschaftszweigen des Vogtlandes.**

Vom Adel war wenig zu erwarten, Kurfürst Friedrich Christian setzte auf Sparsamkeit, Fleiß, Bildung und eine effiziente Verwaltung. Nun bekam das aufgeklärte Bürgertum seine Chance: Neue Bildungsinstitute – wie die Freiberger Bergakademie und die Kunstakademien in Dresden und Leipzig – wurden gegründet. Gleichzeitig entstanden neue Manufakturen und Handwerksbetriebe. Ein bescheidener Wohlstand wurde vielen wieder möglich.

Die napoleonische Zeit endete für Sachsen nach der Leipziger Völkerschlacht und dem Wiener Kongreß zwar mit einem Desaster und gewaltigen Gebietsverlusten, aber bald darauf wurden hier die Weichen für die Industrielle Revolution gestellt, in der das Land eine Vorreiterrolle übernehmen sollte. Schon 1839 rollte zwischen

Dresden und Leipzig die erste deutsche Fern-eisenbahn. Die erste deutsche Lokomotive kam aus einer Dresdner Fabrik. In Zwickau und im Plauenschen Grund entwickelte sich eine Hütten- und Stahlindustrie, in der Lausitz wurden Textilien industriell gefertigt.

Trotz der Kriege und Krisen verfügte Sachsen bis zum Zweiten Weltkrieg über eine vielfältige und sehr leistungsfähige Industrie. Polygraphie, die Bereiche Foto, Kino und Optik, Textil-, Lebensmittel- und Leichtindustrie waren besonders stark entwickelt.

Nach dem Zweiten Weltkrieg litt Sachsen – wie die gesamte Sowjetische Besatzungszone – besonders stark unter Reparationen. Später sorgte die SED mit rigorosen Verstaatlichungen und ihrer ineffizienten Planwirtschaft 40 Jahre lang für einen ökonomischen Niedergang, der schließlich das Ende der DDR herbeiführte. Für den Wiederaufbau unter demokratischen und marktwirtschaftlichen Bedingungen hat der wiedererstandene Freistaat eine schlechte Ausgangsposition. Doch trotz noch immer hoher Arbeitslosigkeit und einer schwierigen wirtschaftlichen Umstrukturierung besteht zur Resignation kein Anlaß. Immer wieder hat sich Sachsen in seiner Geschichte unter schwierigen Bedingungen neuen Wohlstand geschaffen – getreu dem Motto: ›Sich regen bringt Segen‹. Doch manchmal braucht der Segen etwas Zeit. Dennoch muß man kein Prophet sein, um vorauszusagen, daß das Bundesland Sachsen in naher Zukunft wieder eine hochmoderne Wohlstandsregion sein wird.

**Tüll ist die Grundlage der weltbekannten sächsischen Spitze, die in Plauen produziert wird.**

## Großlandschaften

Auf die waldarme Leipziger Tieflandsbucht im Nordwesten des Landes folgt südlich das schiefergebirgige Vogtland, das weiter östlich ins Erzgebirge (Fichtelberg, 1214 m) übergeht. Dessen Abschluß bildet das Elbtalgebiet (Bad Schandau–Strehla) mit dem Elbsandsteingebirge. Nach Osten schließt sich die vielgestaltige Oberlausitz mit dem Granitmassiv des Lausitzer Berglandes (bis 800 m) an. Der Nordosten ist landschaftlich wenig ausgeprägt, Heide- und Teichregionen, dazu der Tagebau, bestimmen das Bild.

Winterstimmung in Annaberg-Buchholz

## Regierungssystem

Dresden ist Hauptstadt des Freistaates Sachsen, der in 3 Regierungsbezirke (Chemnitz, Dresden, Leipzig), 7 kreisfreie Städte und 23 Landkreise gegliedert ist. Der Landtag wird auf 5 Jahre gewählt (zuletzt 1994). Auch die Bürgermeister (Amtszeit 7 Jahre) müssen sich der Volkswahl stellen.

Sachsens neuer Landtag

## Wirtschaft

Sachsen ist ein traditionell starkes Industrieland. Die Industrieproduktion konzentriert sich weitgehend im Dreieck Dresden-Leipzig-Chemnitz. Im anhaltenden Strukturwandel mit hoher Erwerbslosigkeit erweisen sich v. a. der Mittelstand und Dienstleister als dominant. Dresden ist als High-Tech-Standort gefragt, Leipzig als moderner Messeplatz. In der zurückgehenden Landwirtschaft werden die meisten Flächen von den Nachfolgebetrieben der früheren Landwirtschaftlichen Produktionsgenossenschaften (LPG) bewirtschaftet. In Nordlausitz und Leipziger Bucht wird Braunkohle gefördert. Im Elbtal liegt Deutschlands kleinstes Weinanbaugebiet.

## Bevölkerung

Das bevölkerungsreichste neue Bundesland (4,54 Mill. Einw.), an sechster Stelle insgesamt, nimmt mit 18412 qkm 5,2 % der Fläche Deutschlands ein und liegt damit auf Rang 10. Die durchschnittliche Bevölkerungsdichte beträgt 247 Einw./qkm. Der Ausländeranteil liegt bei ca. 1,7 % (77000 Einw.); Vietnamesen bilden mit 13 % die größte Gruppe. Von der nationalen Minderheit der etwa 60000 (slawischen) Sorben leben rd. 40000 in der sächsischen Lausitz; Zentrum ist Bautzen/Budyšin.

Kinder in sorbischer Tracht

## Religionen; Konfessionen

Als Folge des konstitutiven Atheismus der DDR gehören nur etwa 30 % der Bevölkerung einer Konfession an (1950: ca. 90 %). Die Evangelische Kirche hat rd. 1,2 Mill. Mitglieder. Zur katholischen Kirche bekennen sich etwa 196500 Menschen. Daneben existieren einige christliche Sondergemeinschaften und drei jüdische Gemeinden (ca. 230 Mitglieder).

# Verkehr

Sachsen besitzt das dichteste Schienennetz Deutschlands, doch nur relativ wenige Autobahnstrecken (ca. 430 km), die in den kommenden Jahren erweitert werden sollen (Bautzen–Görlitz, Dresden–Prag). Großflughäfen liegen in Dresden-Klotzsche und Halle-Leipzig (beim Schkeuditzer Kreuz). Die Elbehäfen Dresden und Riesa haben viel von ihrer früheren Bedeutung verloren.

Sightseeing per Raddampfer

# Allgemeines zu Sachsen

# Natur

Der Nationalpark Sächsische Schweiz (93 qkm) entstand 1990, ebenso der Naturpark Erzgebirge/Vogtland (ca 1500 qkm). Zirka 0,8 % des Landes stehen unter Naturschutz. Eine schwere Hypothek bedeutet der 1946–1990 betriebene Uranabbau. Im Erzgebirge ist das Waldsterben infolge langjähriger Luftverschmutzungen durch sächsische und nordböhmische Industrie nicht zu übersehen.

Basalt am Hirtstein

## Sächsische Persönlichkeiten

**Adam Ries** (1492–1559), Rechenmeister
**Georgius Aricola** (1494–1555), Naturforscher
**Barbara Uthmann** (1514–1575), Unternehmerin
**Paul Gerhardt** (1607–1676), ev. Liederdichter
**Gottfried Wilhelm Leibniz** (1646–1716), Philosoph
**George Bähr** (1666–1738), Kirchenbaumeister
**Gottfried Silbermann** (1683–1753), Orgelbaumeister
**Friederike Karoline Neuber** (1697–1760), Schauspielerin
**Nikolaus Graf von Zinzendorf** (1700–1760), Theologe
**Gotthold Ephraim Lessing** (1729–1781), Dichter
**Johann Gottlieb Fichte** (1762–1814), Philosoph
**Theodor Körner** (1791–1813), Dichter
**Ludwig Richter** (1803–1884), Maler und Zeichner
**Anton Philipp Reclam** (1807–1896), Verleger
**Robert Schumann** (1810–1856), Komponist
**Clara Schumann** (1819–1896), Musikerin
**Richard Wagner** (1813–1883), Komponist
**Karl May** (1842–1912), Schriftsteller
**Max Pechstein** (1881–1955), Maler
**Joachim Ringelnatz** (1883–1934), Dichter
**Max Beckmann** (1884–1950), Maler
**Carl Goerdeler** (1884–1945), Politiker
**Karl Schmidt-Rottluff** (1884–1976), Maler
**Walter Ulbricht** (1893–1973), Politiker
**Erich Kästner** (1899–1974), Schriftsteller
**Herbert Wehner** (1906–1990), Politiker
**Gerd Fröbe** (1913–1988), Schauspieler
**Helmut Schön** (1915–1996), Fußballtrainer
**Ludwig Güttler** (geb. 1943), Musiker

Rechenmeister Adam Ries

# Geschichte

❖ **ab Ende 6. Jh.** Slawische Stämme dringen in den Mittelelberaum vor ❖ **um 800** Niederwerfung der sächsischen Stämme durch Karl den Großen ❖ **919** Der Sachsenherzog Heinrich I. wird deutscher König (bis 936) und gründet 929 die Mark Meißen ❖ **1089** Beginn der wettinischen Dynastie (bis 1918) in der Mark Meißen ❖ **1168** Anfänge des erzgebirgischen Silberbergbaus ❖ **1423** Das Haus Wettin erhält die Kurfürstenwürde ❖ **1485** Teilung des wettinischen Besitzes in eine albertinische und eine (sich aufsplitternde) ernestinische Linie ❖ **1527/36** Einführung der Reformation (ab 1517, Wittenberg) ❖ **1547** Die Kurfürstenwürde geht an die Albertiner über ❖ **1697–1763** August der Starke (Friedrich August I.; 1694–1733) und Friedrich August II. (1733–1763) sind zugleich sächsische Kurfürsten und Könige von Polen ❖ **1806** Sachsen wird Königreich ❖ **1813** Völkerschlacht bei Leipzig ❖ **1815** Wiener Kongreß: Das zuvor mit Napoleon verbündete Land verliert über die Hälfte seines Staatsgebiets an Preußen ❖ **ab 1830** starke Industrialisierung ❖ **1831** Erste Verfassung ❖ **1839** Erste deutsche Fernbahnstrecke Dresden–Leipzig ❖ **1849** Dresden wird Revolutionsschauplatz ❖ **1866** Im Deutschen Krieg steht Sachsen gegen Preußen auf der Seite Österreichs ❖ **1871** Beitritt zum Deutschen Reich ❖ **1918** Novemberrevolution: Ausrufung der Republik ❖ **1920** Verfassung ›Freistaat Sachsen‹ ❖ **1942/45** Schwere Kriegszerstörungen in Dresden, Leipzig, Chemnitz, Plauen ❖ **1945** Sachsen wird Teil der Sowjetischen Besatzungszone ❖ **1952** Auflösung der Länder in der Sowjetischen Besatzungszone. Teilung Sachsens in die Bezirke Chemnitz (ab 1953 Karl-Marx-Stadt), Dresden, Leipzig ❖ **1989** Leipzig: ›Montagsdemonstrationen‹ gegen die SED ❖ **1990** Beitritt Sachsens (1992 ›Freistaat‹) zur BR Deutschland. Nach den Landtagswahlen von 1990 und 1994 wurde Kurt Biedenkopf (CDU) Ministerpräsident.

Uneinnehmbar: die Festung Königstein

# Dresden – das alte ›Elbflorenz‹

Auferstanden aus den Ruinen, erscheint Dresden so manchem vielleicht wie ein riesiges Museum. Doch hinter restaurierten Fassaden verbirgt die berühmte Kunststadt ihr Eigentliches. Dresden hat viele Gesichter, ist voller Leben und Zukunftsvisionen. Zurück in die Vergangenheit führt eine Fahrt nach Meißen, in die Stadt des ›weißen Goldes‹. Eine Landschaft wie den Bildern Caspar David Friedrichs entnommen, lockt Kletterer und Ausflügler in die Sächsische Schweiz (Foto: Jagdschloß Moritzburg).

# Trockener Wein und ›weißes Gold‹

**Meißen gilt als die ›Keimzelle‹ von Sachsen, weil es seit über 1000 Jahren existiert. Berühmt sind das Porzellan und die Weine der Stadt – Meißner Impressionen.**

König Heinrich I. hatte 929 die Slawen besiegt und anschließend die trutzige Zwingburg Meißen hoch über der Elbe errichtet. Der Gründer ist noch heute in seiner Stadt zu finden, er steht als Brunnenfigur vor dem Stadtmuseum. In Meißen weht überall der Hauch seiner mehr als 1000jährigen Geschichte: Durch enge, kopfsteingepflasterte Gassen geht es vorbei an jahrhundertealten Häusern. Dann der erste Durchblick zum Markt: ein prächtiges Renaissance-Rathaus und ringsum

stattliche Bürgerhäuser aus Renaissance und Barock mit schmucken Erkern und Giebeln. Ein wenig versetzt steht am südwestlichen Rand die Frauenkirche, ein gotischer Bau, der sich mit seinem Chor dem Markt zuwendet.

## 1000 Jahre Geschichte

Doch wer Meißens Geschichte auf die Spur kommen will, muß nach oben, auf den Burgberg, wo alles begann. Wir nehmen den Aufstieg über die steilen Superintendentenstufen. Oben erreichen wir die ›Freiheit‹, eine Straße auf der die Adeligen wohnten, die den städtischen Behörden nicht unterstanden. An der ›Freiheit‹ befinden sich die Gebäude der einst berühmten ›Fürstenschule‹, die u. a. von Lessing und Gellert besucht wurde, und die ehemalige Augustiner-Chorherren-Stiftskirche St. Afra. Über den Hohlweg gelangt man auf den Domplatz, wo sich Meißen in seiner ganzen Schönheit präsentiert. Nicht allein der Burgberg, die ganze Stadt wird überragt von den stolzen Doppeltürmen des Domes, der zu

**Wo Meißen entstand – der Burgberg
mit Albrechtsburg und gotischem Dom.**

den schönsten gotischen Kathedralen Deutschlands zählt. Zu den kostbaren Kunstwerken der Kirche, die von 1240 bis zum ausgehenden 14. Jahrhundert anstelle eines romanischen Vorgängerbaus errichtet wurde, gehören die Stifterfiguren. Sie wurden Ende des 13. Jahrhunderts von Meistern der berühmten Naumburger Dombauwerkstatt geschaffen.

Nicht weniger kostbar ist die Hoffassade der benachbarten Albrechtsburg, die sich zum Domplatz hin öffnet. Strebepfeiler, Spitzbögen, Fialen, Vierpässe und davor der Große und der Kleine Wendelstein, zwei aufwendig gestaltete Treppentürme, prägen dieses großartige Architekturensemble, das Ende des 15. Jahrhunderts von Arnold von Westfalen erbaut wurde. Nach außen, zur Elbe hin noch wehrhaft, zeigt die Hoffassade dieses herausragenden spätmittelalterlichen Profangebäudes schon den Übergang von der Burg zum repräsentativen Wohnschloß. Kurioserweise diente die Albrechtsburg jedoch nie als solches, noch vor ihrer Fertigstellung zog der Hof endgültig nach Dresden.

Das Meißner Porzellan wurde zwar von Johann Friedrich Böttger in Dresden erfunden, die Porzellanmanufaktur richtete aber der Kurfürst 1710 in der damals leerstehenden Albrechtsburg ein. Erst viel später, 1863, zog sie in ein neues Fabrikgebäude im Triebischtal um. Dort besteht sie noch heute und kann besichtigt werden. Die Albrechtsburg ist vor allem ein Denkmal sächsischer Geschichte: Im 19. Jahrhundert malten sächsische Künstler ihre Räume mit einem Zyklus zur Landesgeschichte aus, und am 3. Oktober 1990 wurde hier mit einem Festakt das Land Sachsen wiedererrichtet.

Wer von der Albrechtsburg hinunter zur Elbe sieht, blickt über die historische Stadtkulisse und auf eine Landschaft, die aufgrund ihrer Weinberge unerwartet südlich anmutet. Mit 350 Hektar liegt im Elbtal das kleinste und nördlichste Anbaugebiet Deutschlands. Kenner schätzen die trockenen Meißner Weine, die allerdings rar und recht teuer sind.

**Das Tafelgeschirr
im Meißner Porzellan-
museum ist ein
Teil von Meißens
›weißem Gold‹.**

# Dresden hat viele Seiten

**Mit ihren zahlreichen Baudenkmälern ist die Landeshauptstadt mehr als ein bewohntes Freilichtmuseum. Hinter den restaurierten Fassaden verbirgt sich ihr eigentliches Schicksal, spürt man Leben und Aufbruchstimmung.**

Die Japaner sind begeistert. Eine etwa zwanzigköpfige Reisegruppe steht auf der Brühlschen Terrasse, schaut nach unten zum Terrassenufer und beobachtet fasziniert das Ablegemanöver der ›Diesbar‹. Taue werden gelöst, die Brücke an Bord geschoben, die Dampfmaschine schnauft. Die Schaufelräder tauchen erst langsam, dann immer schneller werdend in das dunkle Elbwasser. Aus dem Schornstein des Dampfers quillt Rauch, die Dampfpfeife gellt. Jetzt fährt das

Schiff elbaufwärts, vorbei an Dresdens Altstadt. In der Luft liegt der Geruch von Qualm – und von Nostalgie. Erstaunt vernehmen die Japaner, daß die ›Diesbar‹ bereits seit 1884 im Einsatz ist. Während sie die Brühlsche Terrasse entlangschlendern, hinübersehen zur Neustadt, wo das goldene Reiterstandbild von August dem Starken in der Sonne glänzt, die Treppen hinabsteigen zum Schloßplatz und zur Katholischen Hofkirche – dann erscheint ihnen die ganze Stadt wie ein riesiges Museum. Sie überqueren den Theaterplatz mit der Schinkelwache und der Semperoper und erreichen den Zwinger.

## Das alte ›Elbflorenz‹

Hier ist die historische Kulisse wieder intakt, nichts scheint mehr daran zu erinnern, daß die berühmte Kunststadt noch kurz vor Kriegsende, am 13. Februar 1945, fast völlig zerstört worden war. Lange Zeit schien es, als sei Dresden für immer verloren, der Wiederaufbau zur DDR-Zeit kam zumindest teilweise einer zweiten Zerstörung gleich: Bedeutende Bauwerke – wie die gotische Sophienkirche – wurden nicht rekon-

**Kinogenuß für Nachtschwärmer: Open-air-Filmnacht vor historischer Kulisse am Elbufer.**

struiert, sondern beseitigt. Die SED versuchte, ihr Ziel einer ›sozialistischen Großstadt‹ durchzusetzen. Daß dies glücklicherweise nur in Ansätzen gelang, lag an der Renitenz der Dresdner, die das Bild ihrer unzerstörten Stadt als Vision und Maßstab bewahrten.

›Alles, was Sie hier sehen: die Semperoper, die Kathedrale, das Schloß, den Zwinger, alles war 1945 zerstört, die Kunstschätze verschwunden. Raffaels ›Sixtinische Madonna‹, die ›Schlummernde Venus‹ von Giorgione und die anderen Bilder aus der Gemäldegalerie, die wertvollen Porzellane aus dem Zwinger, die Goldschmiedearbeiten aus dem Grünen Gewölbe – erst 1954 kehrten die Kunstwerke aus der Sowjetunion zurück‹, erklärt der Guide seiner Reisegruppe. Langsam begreifen die Gäste, daß diese Stadt kein bewohntes Museum ist und daß sich hinter den restaurierten Fassaden ihr eigentliches Schicksal verbirgt.

Nur ein paar Schritte vom Zwinger entfernt befindet sich am Neumarkt die Baustelle der Frauenkirche. Früher war dieses gewaltige Bauwerk, das der Ratszimmermeister George Bähr 1726 bis 1743 als bedeutendste protestantische Kirche Deutschlands errichtet hatte, das Wahrzeichen der Stadt. 1945 sank die Frauenkirche in Schutt und Asche, nur dank des großen Engagements der Denkmalpfleger blieb die Ruine bis zum Ende der DDR als Mahnmal erhalten. Nun entsteht sie wieder, Stein um Stein, und soll bis spätestens zum Jahr 2006, zum 800jährigen Stadtjubiläum, fertig sein – Europas derzeit größter Wiederaufbau. Als Attrappe bezeichnen Kritiker das Projekt, die Befürworter, zu denen die meisten Dresdner gehören, sprechen von der Rekonstruktion des Originals. Und dafür haben sie gute Argumente, denn die Experten richten sich nicht nur nach den alten Plänen, sie verwenden auch einen großen Teil der historischen Steine, die sie aus dem Trümmerberg geborgen haben. ›Wenn die Kirche einmal fertig ist, wird man ihr Schicksal an den Vernarbungen erkennen, die sich aus dem Nebeneinander von hellem neuen und dunklem alten Sandstein ergeben‹, sagt Hans Nadler, der hochbetagte Nestor der sächsischen Denkmalpflege.

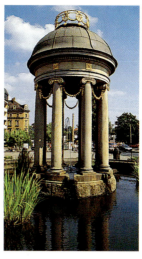

**Der Artesische Brunnen am Albertplatz. Dahinter erstreckt sich Dresdens Neustadt.**

**Der Fürstenzug am Dresdner Schloß zeigt auf Meißner Porzellanfliesen Stationen aus 800 Jahren Geschichte.**

Baustellen, Bagger, Kräne sind fast überall in Dresden zu finden, dessen Zentrum während der DDR-Zeit so eigentümlich leergeräumt anmutete. Nicht nur Ruinen, wie zum Beispiel das Schloß, werden rekonstruiert, bebaut werden nun vor allem jene zahlreichen innerstädtischen Grünflächen, auf denen sich bis 1945 historische Straßenzüge erstreckten.

## Das besondere Flair

Vom Neumarkt zum Altmarkt sind es nur wenige Schritte. An der Nordseite erhebt sich der klotzige Kulturpalast aus den späten 60er Jahren. Die Ost- und die Westseite werden von Wohn- und Geschäftshäusern aus den 50er Jahren gesäumt, deren neobarocke Formen an Dresdner Bautradition erinnern. An der Ostseite steht die barocke Kreuzkirche, ein imposantes Bauwerk mit einem 100 Meter hohen Turm. In dieser größten Dresdner Kirche hat der berühmte Kreuzchor seine Heimstatt. Wer den gewaltigen Raum betritt, wird beeindruckt und überrascht sein. Statt barocker Pracht zeigt das Innere noch heute die Verwundungen des Kriegs-Infernos: Der plastische Schmuck ist teilweise abgebrochen. Decken und Wände überzieht nur ein grauer Rauhputz.

Die Südseite des Altmarkts, die erst nach der Wende wieder bebaut werden konnte, erinnert ebensowenig an die Geschichte wie die Häuser der Prager Straße. Diese Fußgängerzone ist in

Oben: Das Modell der Frauenkirche im Besucherpavillon. Sie wird historisch genau wiederaufgebaut und soll im Jahr 2006 fertig sein.

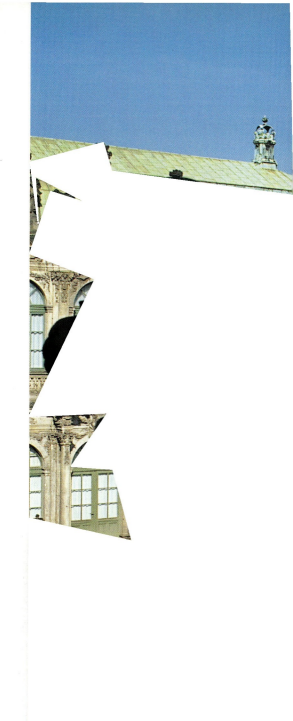

Das Mozart-Denkmal auf der Bürgerwiese erinnert an die kulturelle Blüte des alten ›Elbflorenz‹. Die Frauen verkörpern Ernst, Anmut und Heiterkeit.

den 60er und 70er Jahren entstanden, ihr nördlicher Bereich wurde jedoch erst in den 90er Jahren mit einem Kaufhaus, Geschäftsbauten und einem architektonisch spektakulären Kinobau vervollständigt.

Altes und Neues sind in Dresden oft unmittelbar benachbart: Gleich neben der Semperoper und der historischen Gaststätte ›Italienisches Dörfchen‹ steht am Elbufer das neue Gebäude des Sächsischen Landtages – das Beste, was bisher nach der Wende in Dresden an moder-

ner Architektur entstanden ist. Am gegenüber liegenden Neustädter Ufer ist das Japanische Palais, ein Schloß aus der Zeit Augusts des Starken, zu sehen. Die Königstraße, die direkt auf das Palais zuführt, prunkt seit kurzem mit ihren frisch restaurierten barocken Stadthäusern, in denen sich schicke Geschäfte, Cafés und noble Firmenrepräsentanzen befinden.

Doch dem besonderen Flair Dresdens, der harmonischen Verbindung von Stadtarchitektur und Flußlandschaft, sollte man dort nach-

spüren, wo man keiner der zahllosen Reisegruppen begegnet: auf dem alten Treidlerpfad. Vorbei an den Ministerien der sächsischen Staatsregierung führt der Weg elbaufwärts durch die sanft geschwungene Landschaft, auf deren Weinhängen bald die drei Albrechtschlösser und viele alte Villen auftauchen. Wenig später, nach einer Flußbiegung, wird die filigrane blaue Eisenkonstruktion der Loschwitzer Brücke sichtbar, der die Dresdner den schönen Namen ›Blaues Wunder‹ gegeben haben.

**Dresden wie aus dem Bilderbuch: Im Innenhof des Zwingers liegt links der Mathematisch-Physikalische Salon, rechts der Französische Pavillon.**

# ›Was brucht der Sachse Schwyz?‹

... fragten sich einst die Eidgenossen. Dabei waren es zwei Schweizer, denen die Entdeckung des Elbsandsteingebirges südöstlich von Dresden zu verdanken ist. Die Sächsische Schweiz, ein kleines Wunder der Natur, ist heute Ziel zahlreicher Ausflügler.

Dresden Hauptbahnhof, an einem Frühlingssonnabend 5.30 Uhr: Am Bahnsteig warten fünf Männer und drei Frauen mittleren Alters auf den Zug nach Schmilka. Sie tragen Kniebundhosen, regendichte Windjacken, feste Schuhe und Rucksäcke. Kein Zweifel, so kleiden sich nur Bergsteiger. Als der Doppelstockzug hält, steigen sie zielsicher nach oben und setzen sich – der guten Aussicht wegen in Fahrtrichtung links an die Fenster. Nachdem die S-Bahn den Bahnhof verlassen hat, geht die Fahrt in der Morgendämmerung durch Vorstädte, die dann von Industriegebieten abgelöst werden. Erst in Pirna werden die Reisenden munter. Draußen ziehen jenseits der Elbe die ersten Felsen vorüber. Das Panorama wird immer schöner, die Berge, die sich über dem Fluß erheben, immer höher, schroffer, romantischer. Der Morgennebel bricht die Härte der Konturen und überzieht die Felsen mit einem feinen Schleier. Jetzt sieht die Landschaft fast so aus, wie auf den Bildern von Caspar

**Links: Chinoisierend sind die Dächer und Türmchen von Schloß Pillnitz.**
**Unten: Chinesischer Stil im Hauptsaal des Pillnitzer Bergpalais.**

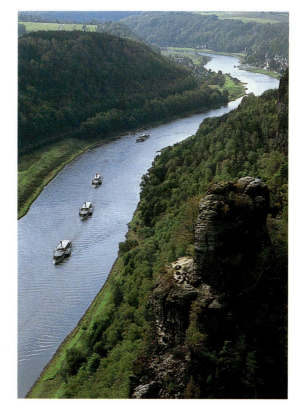

Die Raddampfer der Sächsischen Dampfschiffahrt bringen Besucher ins Elbsandsteingebirge.

David Friedrich, die in der Gemäldegalerie Neue Meister im Dresdner Albertinum hängen. Um 6.30 Uhr hat der Zug Bad Schandau erreicht. Die Bergwanderer steigen aus, laufen hinunter zur Fähre und setzen zum anderen Ufer über. Noch ist es in Bad Schandau, in Schmilka, in Rathen, Wehlen und den anderen Ausflugsorten der Sächsischen Schweiz ganz still.

## Ein Kletterparadies

Wer um diese Zeit schon unterwegs ist, gehört zu den Profis. ›Ich war schon als Zwölfjähriger hier klettern‹, sagt einer der Bergsteiger. Er ist 45 Jahre alt und arbeitet als Entwicklungsingenieur bei Siemens in Dresden. ›Bergsteigen in der Sächsischen Schweiz, das ist Extremsport‹, sagt er stolz, ›denn wir müssen hier Schwierigkeitsgrade von IX bis XI bewältigen.‹ Tatsächlich sind die steilen Felsnadeln dieses einzigartigen Gebirges für Alpinisten eine große Herausforderung. Früher sind die hier trainierten sächsischen Kletterer im Urlaub in den Kaukasus gefahren, heute reisen sie in die Alpen oder gleich in den Himalaja. Doch ihr Herz hängt noch immer an der Sächsischen Schweiz. ›Hier zu klettern und dabei den Blick auf die tiefen Schluchten und das Elbtal zu genießen, das war ein Stück Freiheit, das uns auch zur DDR-Zeit niemand nehmen konnte‹, erzählt der Dresdner Ingenieur zum Abschied.

**Mit dem Schiff geht es zum Kurort Rathen an der Elbe. Im Wasser spiegelt sich die herbstliche Landschaft.**

**Historisches Fest auf Burg Stolpen, wohin August der Starke einst seine Mätresse Gräfin Cosel verbannte.**

Einige Stunden später ist der erste Dampfer in Bad Schandau angekommen. Am Ufer stehen viele Besucher, die das Anlegemanöver verfolgen. Schon seit 1837 fahren die Raddampfer von Dresden aus in die Sächsische Schweiz. Es ist ein ganz besonderes Erlebnis, an Deck eines dieser Schiffe zu sitzen und die Felslandschaft gemächlich an sich vorüberziehen zu lassen. Acht historische Raddampfer besitzt die Sächsische Dampfschiffahrt, hinzu kommen zwei Salonschiffe und zwei moderne Motorschiffe. Damit verfügt Dresden über die älteste und größte Raddampferflotte der Welt.

## ›Böhmische Wälder‹

Ausflügler und Wanderer, Reisegruppen, Familien mit Kindern drängen sich am Ufer und auf den schmalen Straßen des Kurortes. Doch je weiter man sich von der Elbe entfernt, desto ruhiger wird es. Wer einen der gut ausgeschilderten Wanderwege entlanggeht, kann schon

bald mit sich und der wildromantischen Gebirgslandschaft allein sein. Niemals allein ist man hingegen auf der Bastei, dem berühmtesten Felsen der Sächsischen Schweiz, von dem aus sich ein grandioser Blick auf die umliegenden Berge, die tief eingeschnittenen Schluchten und das gewundene Elbtal eröffnet. Schon in der ersten Hälfte des 19. Jahrhunderts waren der Siebenturm und der Jahrhundertturm durch eine Holzbrücke miteinander verbunden, die 1851 durch die steinerne Basteibrücke ersetzt wurde. Damals begann der Massentourismus, ohne den die Bastei heute fast undenkbar ist. Kaum vorstellbar, wie still und einsam dieser Platz vor 200 Jahren noch gewesen ist. Damals war das Elbsandsteingebirge, das sich auf einer Fläche von 750 Quadratkilometern beiderseits der deutsch-tschechischen Grenze erstreckt, noch eine unwegsame und gefährliche Gegend. Erst der Landschaftszeichner Adrian Zingg und der Porträtmaler Anton Graff – beide stammten aus der Schweiz und waren 1760 als Professoren an die Dresdner Kunstakademie berufen worden – entdeckten die Schönheit der ›Böhmischen Wälder‹, wie das Gebirge damals allgemein genannt wurde. Die beiden waren es auch, die den bis heute üblichen Begriff ›Sächsische Schweiz‹ geprägt haben. Da Ähnlichkeiten zwischen den Schweizer Alpen und den im Durchschnitt etwa 400 Meter hohen Sandsteinfelsen nur mit sehr viel Phantasie zu erkennen sind, fragte sich mancher Eidgenosse ironisch: ›Was brucht der Sachse Schwyz?‹ Und eigentlich braucht er sie auch nicht, denn das Elbsandsteingebirge ist mit seinen Tafelbergen und Felsnadeln, den zerklüfteten und bizarr geformten Bergen, den bewaldeten Tälern und den immer wieder atemberaubend schönen Durchblicken zur Elbe einzigartig, so daß es keines Vergleiches bedarf.

Von der Bastei aus sieht man hinunter zur Felsenbühne Rathen. Natürlich gehört der ›Freischütz‹ zum ständigen Repertoire des Theaters, daneben werden aber auch die abenteuerlichen Geschichten von Karl May gegeben: Bereits 1938 fanden hier die ersten ›Karl-May-Spiele‹ statt.

## Königstein, die Festung

Einige Kilometer elbaufwärts ist der wohl berühmteste Tafelberg der Sächsischen Schweiz zu sehen. Der Königstein, der sich über dem gleichnamigen Städtchen erhebt, ist mehr als ein Berg, er ist ein Mythos: Jahrhundertelang wurde an der gewaltigen Festungsanlage gebaut. Mit ihren dicken Wällen, Bastionen und Brüstungen scheint sie uneinnehmbar. Tatsächlich wurde sie auch nie eingenommen, allerdings war sie auch nie umkämpft worden. Zu abschreckend thronte die Festung, auf derem Areal sich 22 Gebäude befinden. Die heutige Anlage stammt im wesentlichen aus dem 16. und 17. Jahrhundert. Bedeutung hatte sie für Sachsen vor allem als Staatsgefängnis. 1706/07 saß der Alchimist Johann Friedrich Böttger hier ein – nicht in einer Zelle, sondern in einem Laboratorium, in dem er nach dem Herstellungsverfahren für das europäische Hartporzellan forschte. Später gehörten der russische Anarchist Michail Bakunin und der deutsche Sozialdemokrat August Bebel zu den prominentesten Festungshäftlingen. Heute ist Königstein ein Museum, das neben viel Geschichte einen wunderbaren Blick auf die Stadt, die Elbe und die Sächsische Schweiz bietet.

Auf ruhigen Wanderwegen, insgesamt über 1000 Kilometer lang, läßt sich die Natur am besten erkunden – wie hier im Polenztal.

Der Zwinger

# Dresden

Landeshauptstadt (458000 Einw.) mit Regierungs- und Parlamentssitz; 1206 urkundlich genannt. Nach der Zerstörung der berühmten Altstadt (13./14. Febr. 1945) wurden einige prägende Bauwerke wiederhergestellt, weite Bereiche jedoch neu gestaltet.

## Altstadt

Die wichtigste Sehenswürdigkeit ist der weltberühmte, ab 1710 von Matthäus Daniel Pöppelmann (1662–1736) errichtete barocke **Zwinger** (in der dortigen Galerie die bedeutende Gemäldegalerie Alte Meister (di–so 10–18 Uhr, u.a. mit der ›Sixtinischen Madonna‹ Raffaels; in anderen Trakten Rüstkammer (di–so 10–18 Uhr), Porzellansammlung (tgl. außer do 10–18 Uhr), Mathematisch-Physikalischer Salon (außer do 9.30–17 Uhr) und Museum für Tierkunde (tgl. 9–16 Uhr).

Zwischen dem von Gottfried Semper errichteten Gebäude der Gemäldegalerie (1847/55) und der Elbe erstreckt sich der Theaterplatz mit der **Semperoper** (1878, nach Zerstörungen bis 1985 originalgetreu restauriert; Führungen, ☎ 0351/491920). Dahinter der neue Sächsische Landtag (1994).

Bedeutendstes Bauwerk am Theaterplatz ist die barocke Katholische Hofkirche (1738/55), heutige Kathedrale des Bistums Dresden-Meißen und größte Kirche Sachsens.

Neben der Kirche das **Residenzschloß,** eines der größten deutschen Renaissanceschlösser, das

im späten 19. Jh. baulich stark verändert wurde. Der Wiederaufbau des riesigen Gebäudes wird nach 2000 abgeschlossen sein. Zu besichtigen ist eine schloßgeschichtliche Ausstellung im angefügten Georgenbau (1898–1901), der Hausmannturm kann bestiegen werden (101 m; April–Okt. tgl. 10–18 Uhr).

An der Außenseite des Langen Ganges, Augustusstraße, zeigt der ›**Fürstenzug**‹ (ab 1870), ein 100 m langer, aus 24000 Meißner Porzellanfliesen bestehender Fries, die Herrscher des Hauses Wettin bis 1904.

Vom Schloßplatz gelangt man über eine großartige Treppenanlage, die von den Skulpturengruppen ›Die vier Tageszeiten‹ flankiert wird, auf die **Brühlsche Terrasse,** einst eine Gartenanlage, die sich Heinrich Graf von Brühl, einflußreicher Minister Augusts III., erbauen ließ. Im 19. Jh. wurde die nun öffentliche Brühlsche Terrasse zur Flaniermeile, wegen ihres internationalen Publikums als ›Balkon Europas‹ bezeichnet.

Hier stehen die Gebäude des ehem. Sächsischen Landtages, der Kunst-

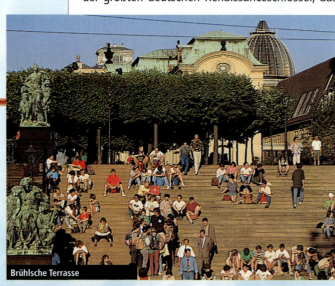
Brühlsche Terrasse

Modell des Dresdner Schlosses

# Großer Garten

Östlich des historischen Stadtzentrums auf der Altstädter Seite erstreckt sich die Parkanlage des Großen Gartens, in dessen Mitte ein frühbarockes Palais (1678/83). Im skulpturenreichen Park auch der **Dresdner Zoo** (ganzj.); Botanischer Garten, Freilichtbühnen, Parkeisenbahn.

Japanisches Palais

# Neustadt

Über die Augustusbrücke (1907) gelangt man auf den **Neustädter Markt** mit dem vergoldeten Reiterstandbild Augusts des Starken (um 1730). An Hauptstraße, Rähnitzgasse, Obergraben und v. a. Königstraße zahlreiche barocke Stadtpalais. **Dreikönigskirche** (1732/39, Turm 1854/57). Im Kügelgenhaus (17. Jh., Hauptstr. 13) ist das **Museum der Dresdner Frühromantik** (mi–so 10–18 Uhr), im Japanischen Palais (1715/33) das **Völkerkundemuseum** (sa–do 10–17 Uhr). Am Elbufer liegen auch die großen Ministerialbauten.

akademie, des Kunstvereins (1891/94) sowie das **Albertinum** (1884/87) mit Gemäldegalerie Neue Meister, Antikensammlung, Grünem Gewölbe, Münzkabinett (tgl. fr–mi 10–18 Uhr). Am Neumarkt die Baustelle der 1945 zerstörten **Frauenkirche** (George Bähr; 1726/43), deren 100 m hoher Zentralbau bis 2006 rekonstruiert sein soll (tgl. Führungen in die wiederhergestellte Unterkirche; Gottesdienste, Konzerte). Davor das Lutherdenkmal (1855). Das **Stadtmuseum** im Landhaus (1770/76), Wilsdruffer Straße, dokumentiert u. a. die Zerstörung Dresdens 1945 (tgl. außer fr ab 10 Uhr).

# Dresden und Umgebung

# Vororte

Auf der Altstadtseite stromaufwärts liegt **Blasewitz**, ein vom Bombenkrieg verschonter großbürgerlicher Stadtteil. Über die berühmte Eisenbrücke ›Blaues Wunder‹ (226 m; 1891/93) erreicht man **Loschwitz** mit seinen ›Elbschlössern‹ Albrechtsberg (1851/54), Schloß Eckberg (1859/61) und Lingner-Schloß (1850/53). Von dort verkehrt eine Standseilbahn (1895) nach dem ehemaligen Kurbad Weißer Hirsch, sowie eine Schwebebahn (1900) nach **Oberloschwitz**. Im Dresdner Norden entstand die erste deutsche ›Gartenstadt‹, **Hellerau**, eine an lebensreformerischen Grundsätzen orientierte, ab 1908 errichtete Siedlung um die ›Deutschen Werkstätten‹ für Handwerkskunst. Festspielhaus 1910/12. Die Gesamtanlage steht seit 1955 unter Denkmalschutz.

# Pillnitz

Der östliche Vorort gehört noch zu Dresden, hat aber aufgrund seiner Geschichte eigenes Gewicht. In den 1720er Jahren ließ sich August der Starke hier von M. D. Pöppelmann ein Lustschloß in chinesischem Stil erbauen. Das Ensemble, das zunächst nur aus dem Wasser- und dem Bergpalais bestand und erst Anfang des 19. Jh. durch das Neue Palais ergänzt wurde, ist das früheste architektonische Beispiel der sog. Chinoiserie; heute **Kunstgewerbemuseum** (mi–so 10–18 Uhr). Der weitläufige Park besteht aus Lustgarten, barockem Heckengarten und sich anschließender Maillespielbahn. Der englische Garten entstand ab 1778; im nördlichen Bereich der chinesische Garten. Zu den Anziehungspunkten des Parks gehört die in einem offenen Pavillon plazierte Prunkgondel (19. Jh.) und eine japanische Kamelie. Dieser 8,50 m hohe Baum ist das einzige erhaltene Exemplar von insgesamt vier Pflanzen, die 1770 nach Europa kamen.

Treppenhaus im Stadtmuseum

Schloß Weesenstein

## Müglitztal

Ein liebliches Landschaftsbild bietet das von waldreichen Höhenzügen eingefaßte Tal der im böhmischen Teil des Erzgebirges entspringenden **Müglitz,** die bei Heidenau kurz vor Dresden in die Elbe mündet. Sehenswert ist **Schloß Weesenstein** (13. bis 18. Jh.; Park, um 1780). Das Museum zeigt kostbares Mobiliar und historische Tapeten (tgl. ab 8/9–17/18 Uhr). Südl. liegt **Liebstadt** mit Schloß Kuckuckstein, einer ehem. Burg, um 1800 zum ›Märchenschloß‹ umgestaltet (Museum, mi–so 9.30–16 Uhr).

## Kamenz

Nordwestl. Bautzen liegt die ›Lessing-Stadt‹ (17800 Einw.), deren altes Zentrum hübsche Ensembles zeigt, darunter **Rathaus** (1843/48) und **St. Marien** (15. Jh.). Lessinghaus (di–so).

## Herrnhut

Herrnhut (1800 Einw.), 10 km südl. der einen Abstecher lohnenden Industriestadt **Löbau** (17800 Einw.), ist im Kern eine Barocksiedlung. Nikolaus Graf von Zinzendorf gründete hier 1722 die pietistische Herrnhuter Brüdergemeinde, aus der eine weltweite Missionsarbeit hervorging, dargelegt in **Heimat- und Völkerkundemuseum** (beide di–sa). Gottesacker (ab 1730) am Hutberg; von dessen Altan sind Riesen- und Isergebirge zu sehen.

## Oberlausitz

In Ostsachsen liegt die Oberlausitz, dessen kuppiger (südl.) Teil mit Höhen um 500 m noch typische Umgebindehäuser (bes. in **Ebersbach, Großschönau, Obercunnersdorf**) zeigt. **Bad Muskau** (4900 Einw.) im flachen Nordosten hat eine großartige, über die Neiße ins heutige Polen

Lausitzer Umgebindehaus

hinüberreichende, ab 1815 von Hermann Fürst von Pückler-Muskau gestaltete Parkanlage; darin die Ruine des Neuen Schlosses (16. Jh.).

## Sächsische Schweiz

Rund 360 qkm umfaßt der deutsche und damit sächsische Teil des **Elbsandsteingebirges,** jenseits der Grenze als Böhmische Schweiz bezeichnet. Seine bizarren Felsformen entstanden durch die Einschnitte der Elbe in den Quarzsandstein. Geprägt wird das Landschaftsbild durch Tafelberge, aber auch durch Felsnadeln und -wände, Schluchten, Labyrinthe und Klammen. Das Gebirge erreicht durchschnittliche Höhen um 400 m (**Zirnstein,** 561 m). Der Nationalpark Sächsische Schweiz gehört zu den schönsten touristischen Zielen Sachsens. Am bekanntesten sind die **Bastei** (305 m), ein Felslabyrinth mit einzigartigen Ausblicken, **Kurort Rathen,** Stadt und Festung **Königstein** (13.–19. Jh.; tgl. ab 9 Uhr), Stadt und Burg **Hohnstein** (12. Jh.) sowie **Bad Schandau,** von dem aus sich das reizvolle Kirnitzschtal erwandern läßt.

## Bautzen

Das Sorbenzentrum (›Budyšin‹, 45 000 Einw.; Stadtrecht 1213) zeigt eine wehrhafte und turmreiche Silhouette. Der **St.-Petri-Dom** (13.–15. Jh.), ein gotischer Hallenbau, ist seit 1524 Simultankirche mit kath. und prot. Bereich. Domschatz (An der Petrikirche, mo–fr 10–12, 13–16 Uhr). Rathaus (1729/32). In der Ortenburg (ab 1002; mehrfach verändert) das **Sorbische Museum** (tgl. ab 10 Uhr).

## Görlitz

Die niederschlesische Neißestadt (67000 Einw.; poln. Teil Zgorzelec) besitzt v. a. um Unter- und Obermarkt einen geschlossenen historischen Kern. **Frauenkirche** (1459/86), daneben ein original erhaltenes Kaufhaus von 1912/13. **Landesmuseum Schlesien** (di–so).

## Großsedlitz

Oberhalb der kleinen Industriestadt **Heidenau** liegt auf dem Elbhang der Barockgarten Großsedlitz (tgl. ab 7/8 Uhr). 1719 begonnen und vier Jahre später von August dem Starken erworben, wurde dieser zur vollkommensten französischen Parkanlage Sachsens, die jedoch aus Geldmangel nie vollendet wurde. Bemerkenswert sind v.a. die zahlreichen Plastiken, Werke bedeutender Dresdner Barockbildhauer. Berühmt auch die Treppen- und Brunnenanlage ›Stille Musik‹. Orangerien, Friedrichschlößchen (1872/74).

Barockgarten Großsedlitz

# Dresden und Umgebung

## Meißen

Die Hofseite der Albrechtsburg

Historische Stadt (35500 Einw.; 929 gegr.), 25 km von Dresden entfernt am Nordrand des Elbkessels gelegen. Die in weiten Teilen mittelalterliche Innenstadt wird seit Jahren saniert. Bedeutende Bauten sind auf dem Burgberg der gotische **Dom** (13–15. Jh.; Türme 1903/08) und die **Albrechtsburg** (1471–1500; Febr.–Dez. tgl. ab 10 Uhr), in der Unterstadt die gotische **Frauenkirche** (15./16. Jh.) mit dem weltweit ersten Porzellanglockenspiel (1929) und das gotische **Rathaus** (um 1472). Weltbekannt wurde Meißen durch die 1710 gegr. **Porzellanmanufaktur** (Talstr. 9). In der Schauhalle (tgl. 9–17 Uhr) wird die Geschichte des Meißner Porzellans dargestellt, beim Besuch der Schauwerkstätten (tgl. 9–12 und 13–16.45 Uhr) sind die Herstellungsschritte zu sehen. Meißen liegt in Deutschlands nördlichstem **Weinanbaugebiet**. In der Stadt gibt es zahlreiche Weinstuben, am traditionsreichsten ›Vincenz Richter‹. Ein malerisches Weindorf ist das 10 km elbabwärts gelegene **Diesbar-Seußlitz**; dort ein 1725/26 erbautes (nicht zugängliches) **Barockschloß** George Bährs; Parkanlage.

## Moritzburg

Jagdschloß Moritzburg

14 km nordwestl. von Dresden liegt in einer Wald- und Teichlandschaft Moritzburg (2000 Einw.), wo sich August der Starke 1723/36 ein durch seine runden Türme markantes Jagdschloß erbauen ließ; heute Museum (Trophäen, Barockmöbel; Werke von Käthe Kollwitz; Mai–Okt. tgl. 10–17.30, April mo geschl., März und Nov. di–so 10–16.30, Dez. di–so 10, 11, 13, 14, 15 nur Rundgänge). Am Schloß befindet sich im Rüdenhof (Meißner Str. 7) das Haus, in dem die Graphikerin Käthe Kollwitz (1867–1945) ihre letzten Lebensjahre verbrachte, heute Gedenkstätte (di–fr 11–17, sa/so ab 10 Uhr). Vom Schloß gelangt man durch den Waldpark zum Fasanenschlößchen (1769/82; Mai–Okt. tgl. ab 10 Uhr). Nebenan am Seeufer steht ein Leuchtturm, der bei Hoffesten zusammen mit anderen Requisiten aufwendig inszenierte ›Seeschlachten‹ lebensnaher gestalten sollte.

## Zittau

Zittau (32500 Einw.) im Dreiländereck zu Tschechien und Polen hat eine schöne Altstadt. Rathaus von 1840/45, got.-klassiz. Johanniskirche (13.–19. Jh.). Bedeutendster Kurort im Zittauer Gebirge (Lausche, 793 m) ist **Oybin** (1100 Einw.) unterhalb des gleichnamigen Sandsteinkegels (513 m; malerische Burg- und Klosterruinen).

## Radebeul

Schloß Wackerbarths Ruh

Die langgezogene Stadt (32000 Einw.) zu Füßen der Lößnitz(wein)berge entstand 1924 durch Zusammenlegung von zehn Gemeinden. Auf Schloß **Wackerbarths Ruh** (18./19. Jh.) residiert heute das Sächsische Staatsweingut (Elbtalwein und -sektverkauf, tgl. 10–18 Uhr). In Schloß **Hoflößnitz** (1649; di–fr, so 14–17, sa 10–17 Uhr) befindet sich ein Weinbaumuseum. Besonderer Anziehungspunkt ist das **Karl-May-Museum** mit ›Villa Shatterhand‹, dem Wohnhaus des Schriftstellers (1842–1912) und dem Blockhaus ›Villa Bärenfett‹ mit völkerkundlicher Sammlung zur Kulturgeschichte nordamerikanischer Prärieindianer (Karl-May-Str. 5, März bis Okt. di–so 9–18, Nov.–Febr. 10–16 Uhr).

## Pirna

Das etwa 20 km südöstlich von Dresden gelegene Pirna (42500 Einw.) gilt als ›Tor zur Sächsischen Schweiz‹. Pirna ist reich an historischer Bausubstanz, malerisch wirkt der von Bürgerhäusern umstandene Markt, der sich annähernd so präsentiert wie auf den Gemälden Canalettos in der Dresdner Galerie. Bedeutendstes Bauwerk ist **St. Marien** (1502/56), eine der großen spätgotischen Hallenkirchen Sachsens mit kunstvollen Gewölbe. Über der Stadt **Schloß Sonnenstein** (Reste aus dem 17./18. Jh.).

# Leipzig – zwischen Tradition und Moderne

Leipzig – jahrhundertelang Europas Messestadt Nummer eins hat mit seinem super-
modernen Messezentrum den Sprung ins
nächste Jahrtausend gewagt. Kommerz er-
möglichte hier schon früh Kunst, und so
blickt Leipzig auf eine lange musikalische
Tradition zurück. Die Besucher wandeln auf
den Spuren Johann Sebastian Bachs und
Robert Schumanns, begegnen in ›Auerbachs
Keller‹ Goethes Faust und tauchen im frisch
umgebauten Hauptbahnhof in die Konsum-
welt unserer Zeit ein (Foto: Johannispark,
dahinter Neues Rathaus und Universität).

Der Neubau der
Universität überragt die
Leipziger City: Hier, rund
um das Leibniz-Denkmal,
leben Geist und Geld,
Zukunft und Gegenwart
Seite an Seite.

# Handels- und Kulturstadt

**In kaum einer anderen Stadt sind Bildung und Geschäft, Kultur und Kommerz so eng miteinander verbunden wie in der alten Messemetropole Leipzig – Heimat für Merkur und die Musen.**

Am Eingang ist er leibhaftig zu sehen: Mephisto steht neben Faust und zeigt auf die gegenüber liegende Figurengruppe der verzauberten Studenten. Hinter den Bronzeplastiken führt eine Treppe hinunter zum Ort des Geschehens. ›Auerbachs Keller in Leipzig‹ ist eine Szene in Goethes ›Faust I‹ überschrieben. Da unten war es also, im Faßkeller, wo die ›zehn lustigen Gesellen‹ mächtig einen draufmachten, bis Mephisto sie narrte.

1525 soll der historische Faust, als er die Messe besuchte, tatsächlich hier eingekehrt sein. Doch erst Goethe, der später zu den Stammgästen in ›Auerbachs Keller‹ gehörte, machte die Gaststätte zu einer der berühmtesten Adressen der Weltliteratur. Jeden Tag steigen Touristen ehrfürchtig die Treppen hinunter, bewundern die Räume, an deren Wänden ein ganzer Gemäldezyklus die phantastische Geschichte des Faust erzählt. Und wenn sie dann im schummrigen Faßkeller bei Leipziger Allerlei und einem Glas trockenen Weines aus dem nahen Saaletal sitzen, genießen sie dazu das gute Gefühl, auch noch etwas für ihre Bildung getan zu haben.

Daß Bildung und Geschäft, Kultur und Kommerz kaum anderswo so eng miteinander verbunden sind wie in der alten Messemetropole Leipzig, wird an vielen Stellen der Stadt deutlich. Über ›Auerbachs Keller‹ befindet sich einer der nobelsten Konsumtempel Deutschlands, die Mädler-Passage. 1912 bis 1914 als Messehaus für Porzellan und Keramik erbaut, beherbergt diese lichtdurchflutete Passage in Art-déco-Ambiente noble Läden, Boutiquen und Cafés. Daß hier alles wie neu glänzt, ist ausgerechnet dem berühmt-berüchtigten Bankrotteur Jürgen Schneider zu danken, der unmittelbar nach der Wende in Leipzig eine Immobilie nach der anderen gekauft und restauriert hat – bis er auf einmal spurlos verschwunden war.

## ›Es ist ein klein Paris ...‹

Doch kehren wir zu Goethe zurück. Gleich gegenüber, direkt vor dem frühbarocken Gebäude der Handelsbörse am Naschmarkt, steht sein Denkmal. Den schon etwas beschwipsten Frosch läßt der Dichter im ›Faust I‹ sagen: ›Mein Leipzig lob' ich mir! Es ist ein klein Paris, und bildet seine Leute.‹

Für Bildung ist hier seit 1409 vor allem die Universität zuständig. Vom Naschmarkt zum Augustusplatz braucht man zu Fuß nur ein paar Minuten. Dort ragt der 142 Meter hohe ›Uniriese‹, ein Wolkenkratzer von 34 Stockwerken empor, der 1975 vollendet wurde. Früher stand hier auf dem Gelände des ehemaligen Paulinerklosters der historische Gebäudekomplex der Alma mater Lipsiensis. Einiges davon hatten die alliierten Bomber im Krieg beschädigt, die bedeutende gotische Universitätskirche war jedoch fast vollkommen unversehrt geblieben. Doch dem aus Leipzig stammenden SED-Chef Walter Ulbricht war das alles nur im Wege. ›Das Ding muß weg‹, soll er gesagt haben, als er vor dem Stadtmodell stand. Am 30. Mai 1968 um 10 Uhr zündete der Sprengmeister die Dynamitladung – und die Universitätskirche, eines der bedeutendsten mittelalterlichen Baudenkmäler Sachsens, sank in Schutt und Asche.

Gleich neben dem ›Uniriesen‹ steht das Neue Gewandhaus, ein Konzertsaal, der 1977 bis 1981 erbaut wurde. Der Dirigent und langjährige Gewandhauskapellmeister Kurt Masur hat dieses Gebäude dem DDR-Staat regelrecht abgerungen. Nach der Kriegszerstörung seines alten Gebäudes hatte das berühmte Gewandhausorchester zuvor fast 40 Jahre lang in einem Interimssaal spielen müssen.

*Um die letzte Jahrhundertwende entstanden anstelle alter Handelshöfe ›moderne‹ Passagen für das Messegeschäft – auch die Mädler-Passage, heute beeindruckend restauriert.*

**Seit Jahrhunderten ist Leipzig eine Bücherstadt: Frühdruck im Deutschen Buch- und Schriftmuseum.**

Für Leipzig war das schwer erträglich, denn Musik spielt hier eine ganz besondere Rolle. Gleich gegenüber vom Gewandhaus steht auf der Nordseite des Augustusplatzes das Opernhaus, ein Nachkriegsbau, der seit der Wende unter seinem Intendanten Udo Zimmermann immer wieder Schauplatz spektakulärer Inszenierungen ist.

## Musikalische Tradition

Während gegenüber auf Leipzigs erstem ›Wolkenkratzer‹, dem 1928 erbauten elfgeschossigen Krochhochhaus, zwei Glockenmänner die volle Stunde schlagen, gehen wir auf Leipzigs musikalischen Spuren zurück zum Markt. Robert Schumann wirkte hier ebenso wie Albert Lortzing und Gustav Mahler. Richard Wagner wurde hier geboren, und Felix Mendelssohn-Bartholdy, der das Gewandhausorchester zu einer weltberühmten Institution gemacht und das Leipziger Konservatorium gegründet hatte, starb 1847 in Leipzig. Mendelssohn war es auch, der sich um die Wieder-

**Oben: Das Neue Rathaus am Burgplatz im Südosten des Zentrums. Unten: ›Auerbachs Keller‹ – dank Goethes ›Faust‹ unsterblich. Goethe war Stammgast.**

entdeckung des berühmtesten Leipzigers aller Zeiten, um Johann Sebastian Bach, verdient gemacht hat. Unweit des Marktes steht seine wichtigste Wirkungsstätte, die gotische Thomaskirche – bis heute die Heimat des Thomanerchors. Bach war als Thomaskantor und ›director musicis‹ für kirchliche und weltliche Musik zuständig. Hier schuf er den größten Teil seines Werkes. Bachs Grab im Chorraum der Thomaskirche ist ein Top-Ziel für Kulturtouristen.

## Kunst und Kommerz

Doch großartige Musik und Kunst konnte sich Leipzig nur leisten, weil der Handel der Stadt schon seit jeher viel Geld einbrachte. Hier kreuzten sich zwei wichtige Handelsstraßen,

die Via Regia und die Via Imperii. Kaufleute aus Nord- und Südeuropa, aus Ost und West trafen sich hier, vor allem seit Kaiser Maximilian I. Leipzig 1497 zur Reichsmessestadt erhoben hatte. Jahrhunderterlang bestimmten die jährlich mehrmals stattfindenden Messen den Takt des Handels. Das Alte Rathaus – eines der schönsten deutschen Renaissance-Rathäuser – wurde 1556 sogar zwischen zwei Messen erbaut.

Doch daß Tradition allein nicht viel nützt, mußten die Leipziger schon im späten 19. Jahrhundert erfahren. Damals ging es – als Folge der industriellen Massenproduktion – mit der alten Warenmesse auf einmal steil bergab. Die Stadt reagierte und erfand die Mustermesse. Für diesen damals geradezu sensationellen Messetyp opferte man große Teile der Innenstadt: Wertvolle Renaissance- und Barockbauten wurden abgerissen, um Platz zu machen für neue ›Messepaläste‹, die dank ihrer reizvollen Art-déco-Architektur längst selbst unter Denkmalschutz stehen.

Nach der Wende und dem Ende des alten Ost-West-Gegensatzes, von dem die Universalmesse früher profitiert hatte, war der Messestandort Leipzig erneut akut gefährdet. Und wieder reagierte man mit einem mutigen Schritt: 1996 wurde am Stadtrand ein supermodernes neues Messezentrum eröffnet – ein mit vielen Kunstwerken ausgestatter Tempel des Handels, mit dem die Leipziger Messegesellschaft einmal mehr auf eine große Zukunft hofft.

**Die futuristische Glashalle des Neuen Messegeländes, das verkehrsgünstig im Norden der Stadt liegt, weist den Weg ins nächste Jahrtausend.**

# ›Wir sind das Volk!‹

**Mit diesem Ruf zogen mindestens 100 000 Menschen – mehr als ein Fünftel von Leipzigs Bevölkerung – durch die Straßen der Stadt zum Gebäude der Stasi-Bezirksverwaltung. Am 9. Oktober 1989 wurde Geschichte geschrieben.**

Der 9. Oktober 1989, 18.10 Uhr: Das Montagsgebet in der Leipziger Nikolaikirche ist zu Ende gegangen, und kein Mensch weiß, was in den nächsten Minuten geschehen wird. Dicht gedrängt stehen die

**Oben: Die Leipziger Montagsdemonstrationen hatten entscheidenden Anteil am Untergang der DDR. Rechts: Unweit der Thomaskirche präsentiert sich heute hinter Prachtfassaden der Commerz.**

Leute auf dem Nikolaikirchhof und den angrenzenden Straßen. Viele von ihnen haben Kerzen in der Hand, sie singen ›We shall overcome‹, den christlichen Kanon ›Dona nobis pacem‹ und die ›Internationale‹. Bei der Passage ›... erkämpft das Menschenrecht‹ fallen auch die in den Chor ein, die zuvor geschwiegen haben. Noch stehen die Menschen, noch wagt keiner den ersten Schritt, alles scheint in der Schwebe. Dann erschallt zum erstenmal der Ruf ›Wir sind das Volk!‹ Er wird wiederholt, wird immer lauter, ein mächtiger Sprechchor von entwaffnender Logik. Auf einmal kommt Bewegung in die Menge, die ersten laufen los, Richtung Karl-Marx-Platz. Jetzt muß die Entscheidung fallen. Am Hauptbahnhof, am Wintergartenhochhaus, überall rings um den Ring stehen Einheiten der Kampfgruppen, der Bereitschaftspolizei, der Armee und der Staatssicherheit bereit. Werden

die Uniformierten jetzt die Motoren anlassen, werden sie in die Menge hineinrollen? Fallen jetzt die ersten Schüsse? An der Spitze des Zuges laufen vor allem junge Leute. Es sind Mitglieder der kirchlichen Friedens- und Menschenrechtsgruppen. Fast allen von ihnen schlägt in diesen Momenten das Herz bis zum Hals.

## Bange Momente

Jetzt haben sie den Hauptbahnhof erreicht, und noch immer ist nichts geschehen. Sie laufen weiter auf dem Ring, jener vielspurigen Straße, die sich um die Leipziger Innenstadt zieht. Schon ist die gefährlichste Stelle in Sicht, das Gebäude der Stasi-Bezirksverwaltung am Dittrichring. Wird hier die ›Pekinger Lösung‹ praktiziert, wird hier der Zug blutig gestoppt?

Die schier endlose Menschenmenge erhält von allen Seiten Zulauf. Immer häufiger ertönt der Sprechchor ›Keine Gewalt‹. Im Stasi-Gebäude, das aufgrund seiner Bauform im Volksmund ›Runde Ecke‹ genannt wird, ist kein Licht zu sehen. Nichts regt sich hier, nichts geschieht. Wenig später erreichen die ersten Demonstranten die Thomaskirche und bald darauf das Neue Rathaus. Hier beginnen sie zu begreifen, was viele kaum zu hoffen wagten: Sie haben gesiegt. Manche liegen sich in den Armen, keiner will nach Hause. ›Ist das nun ’ne Revolution?‹ fragt ein junger Bursche, und auf einmal lachen alle befreit. Als die ersten wieder am Karl-Marx-Platz, dem Ausgangspunkt, ankommen, ist der Kreis geschlossen. Mindestens 100 000 Menschen, mehr als ein Fünftel von Leipzigs Bevölkerung, waren es an diesem Abend des 9. Oktobers 1989, der später als das wichtigste Datum der Wende in die Geschichtsbücher eingehen sollte.

Der Leipziger Ring, der Schauplatz von damals, hat sich seither stark verändert: Der Karl-Marx-Platz heißt wieder wie ehedem Augustusplatz. Vor dem Gewandhaus entstand eine riesige Tiefgarage. Das Hotel ›Stadt Leipzig‹ mußte einem gewaltigen Büro- und Geschäftskomplex weichen. Der Hauptbahnhof wurde innen komplett umgestaltet, das Neue Rathaus außen restauriert. Und in der ›Runden Ecke‹ verwaltet die Gauckbehörde die Hinterlassenschaft der Stasi. Welche Bedrohung diese jahrzehntelang war, kann man im Erdgeschoß erfahren, wo das Leipziger Bürgerkomitee eine Dauerausstellung eingerichtet hat: ›Macht und Banalität‹ heißt der trefflich gewählte Titel.

**Am Neuen Gewandhaus, dem Mendebrunnen und dem Universitätsturm war die Montagsdemonstration an ihrem Ziel.**

# Der Hauptbahnhof: Symbol der Moderne

**Funktionalität und Ästhetik oder wie aus einem verödeten Großstadtbahnhof ein ultramoderner Konsumtempel mit Gleisanschluß wurde – der Leipziger Hauptbahnhof.**

Der Leipziger Hauptbahnhof, erbaut 1906 bis 1915 von den Dresdner Architekten William Lossow und Max Kühne, galt von Anfang an als eine der herausragenden Sehenswürdigkeiten der Messestadt. 298 Meter ist die Bauflucht lang, aus der die beiden

Empfangsgebäude äußerst wirkungsvoll hervortreten. Das eine unterstand der sächsischen, das andere der preußischen Eisenbahnverwaltung, bis die Deutsche Reichsbahn 1934 die Geschicke dieses größten europäischen Kopfbahnhofes in die Hand nahm. Zehn Meter breit sind die beiden Freitreppen, die von den Hallen zum 270 Meter langen Querbahnsteig führen, an dem 26 Gleise endeten. Hier, in der 33 Meter breiten und 27 Meter hohen Querbahnsteighalle zeigt sich die ganze Eleganz der alten Bahnhofsarchitektur, deren Verbindung von Funktionalität und Ästhetik einst zum Ausdruck eines neuen mobilen Zeitalters wurde.

Doch was ist schon Größe ohne Glanz? Die letzten fünf Jahrzehnte hatten dem Bahnhof arg mitgespielt. Im Krieg zerstört, wurde er zwar bald wieder aufgebaut, doch der Zahn der

Leipziger erst einmal den Aufstand. Der Protest entzündete sich daran, daß zwei Bahnsteige stillgelegt und einem Parkdeck geopfert werden sollten. Denn größter Kopfbahnhof Europas war Leipzigs Bahnhof eben nur mit den vorhandenen 26 Bahnsteigen. Hinrich Lehmann-Grube, der damalige, aus Hannover gekommene Oberbürgermeister der Messestadt, war baff erstaunt, welche Emotionen der Umbau zu wecken vermochte. Mit knapper Not konnte er in Verhandlung mit der Bahn eine etwas verkleinerte Kompromißlösung für das ungeliebte Parkdeck erringen. Sympathie gewonnen hat er dabei nicht.

## Kathedrale des Konsums

Oder am Ende doch? Denn als der Umbau des Hauptbahnhofs im Herbst 1997 fertiggestellt war, wollte kaum noch jemand etwas von dem unseligen Streit wissen. Zu großartig, zu prachtvoll war der Umbau geraten, der nun wieder allen Anlaß bot, stolz darauf zu sein. Man kann auf drei Ebenen schlendern und schlemmen, mit gläsernen Fahrstühlen zu den Gleisen hinaufschweben oder hoch über den Schienen einen Capuccino schlürfen und sich bei der Betrachtung der ein- und ausfahrenden Züge dem angenehmen Gefühl des Fernwehs hingeben. Doch um die Eisenbahn geht es eigentlich nur noch am Rande, denn der 500 Millionen Mark teure neue Hauptbahnhof ist jetzt vor allem eine gigantische Kathedrale des Konsums. Auf 30 000 Quadratmetern Verkaufsfläche locken 140 Geschäfte, Restaurants und Cafés – und machen damit der Innenstadt schmerzhaft Konkurrenz, zumal die Läden hier bis 22 Uhr geöffnet haben. Der Bahnhof als ›Megaseller‹?

Zeit nagte allzusehr an dem stolzen Gemäuer aus Cottaer Sandstein. Als dann nach der Wende immer mehr Sachsen von der Eisenbahn ins eigene Auto umstiegen, drohte der Bahnhof zu verwaisen.

## Umstrittener Umbau

Doch auf einmal geriet er wieder ins Scheinwerferlicht, wurde zum Thema hitziger Kontroversen. Und das kam so: Mitte der 90er Jahre plante die Deutsche Bahn eine ›Renaissance ihrer Bahnhöfe‹. Mit einem neuen, schicken und kundennahen Dienstleistungskonzept und umfangreichen Umbauten sollten die verödeten Großstadtbahnhöfe zu ultramodernen Konsumtempeln mit Gleisanschluß umgestaltet werden. Leipzig wurde als Testfall auserkoren. Als die Pläne aber konkret wurden, probten die

## Leipzig

Die größte Stadt Sachsens (481000 Einw.) hat auch nach 1990 ihre jahrhundertealte Bedeutung als Messe- und Verlagsstandort (1497 Reichsmessestadt) wahren können. Nach Frankfurt/M. führender deutscher Bankenplatz. 1015 erste urkundliche Nennung der am Schnittpunkt zweier Handelswege entstandenen Siedlung (1165 Stadtrechte). Universität 1409. Schauplatz des Streitgesprächs zwischen Luther und Johannes Eck (1519), das den Bruch des Reformators mit der kath. Kirche manifestierte. Der Untergang der DDR wurde durch Massendemonstrationen (1989) in der ›Heldenstadt Leipzig‹ maßgeblich vorbereitet.

## Gohliser Schlößchen

Landsitz (1755/56) des Leipziger Handelsherrn und Ratsbaumeisters Johann Caspar Richter. Zur Erbauungszeit lag Gohlis noch weit vor der Stadt. Inzwischen steht das spätbarocke Palais, Menckestr. 23, inmitten eines gründerzeitlichen Wohnquartiers. Der Festsaal, dessen Decke mit dem Gemälde ›Lebensweg der Psyche‹ geschmückt ist, dient Konzerten und Lesungen.

## Alte Börse

Das älteste Leipziger Barockgebäude liegt an der Nordseite des Naschmarktes. Einst Versammlungsort der Kaufleute und Stadtverordneten, ist das nach Plänen des Dresdner Architekten und Oberlandbaumeisters Johann Georg Starcke 1678–1787 errichtete Gebäude heute ein Ort der Kultur.

## Altes Rathaus

An der Markt-Ostseite erbaute ab 1556 der Leipziger Bürgermeister und Architekt Hieronymus Lotter das zweigeschossige Renaissancegebäude. Westfassade mit fünf Zwerchhäusern und asymmetrisch gestelltem Barockturm (1744). Die Laubengänge im Erdgeschoßbereich entstanden 1906/07. Stadtgeschichtliches Museum, u. a. mit Renaissancefestsaal (di–fr 10–18, sa/so 10–16 Uhr).

## Barthels Hof

Ecke Hainstraße/Markt steht der letzte erhaltene Handelshof des Barock (1523, 1747/50), ein großer Gebäudekomplex mit gassenartigem Hof und Durchgang zur Kleinen Fleischergasse, wo sich in Haus Nr. 4 (›Coffe-Baum‹) eines der ältesten Kaffeehäuser Europas befindet; hier verkehrten u. a. Lessing, Goethe, Schumann, Liszt und Wagner.

## Deutsche Bücherei

Das 1914/16 nahe dem alten Messegelände am Deutschen Platz gelegene Gebäude sammelt und verwahrt das deutsche Schrifttum seit 1913 (über 4 Mill. Bände). Im konkav geschwungenen Gebäude sind v. a. der mit originaler Ausstattung erhaltene große Lesesaal und das Deutsche Buch- und Schriftmuseum sehenswert (mo–sa 9–16 Uhr).

Altes Rathaus

# Leipzig
## und Umgebung

Supermoderne Messearchitektur

## Neues Messegelände

Im Norden der Stadt, verkehrsgünstig nahe der A 14 und vom Zentrum aus mit der Straßenbahnlinie 16 zu erreichen, erstreckt sich das neue Messegelände (1993/96), ein Hallenkomplex, der sich um eine 30 m hohe futuristische Glashalle gruppiert. Die alte Technische Messe am Deutschen Platz eröffnete 1913.

## Schillerhaus

Den kleinen, um 1700 errichteten Fachwerkbau, Menckestr. 42, bewohnte Schiller 1785 gemeinsam mit seinem Verleger Göschen. In dieser Zeit entstanden Teile des ›Don Carlos‹ sowie die ›Ode an die Freude‹. Heute ist das ehem. Bauernhaus Gedenkstätte (Besichtigung n. V.: ☎ 0341/5662170).

## Specks Hof

Maximilian Speck von Sternburg ließ sich 1908/29 einen prächtigen Messepalast erbauen, der wie eine Reihe weiterer Bauten dieser Art den neuen Bedürfnissen der Mustermesse Rechnung trug. Typisch für die gesamte Leipziger Innenstadt ist das Passagensystem mit Ladenstraßen und Lichthöfen (u. a. Mädlerpassage (1912/14); Handelshof, Hansahaus, beide 1908/09). Die Hofanlage wurde kürzlich restauriert und dabei erheblich umgestaltet.

## Thomaskirche

Bach auf dem Thomaskirchhof

Anfang 13. Jh. romanisch begonnen, wurde die ehem. Kirche der Augustiner-Chorherren im 14./15. Jh. zu einer dreischiffigen gotischen Halle umgebaut (1885/89 Jh. regotisiert). Von 1723 bis zu seinem Tod wirkte Johann Sebastian Bach (1685–1750) hier als Thomaskantor (Grab im Chorraum). Der um 1358 gegr. Thomanerchor singt hier in Gottesdiensten, zu Konzerten sowie jeweils fr 18 Uhr und sa 15 Uhr die Motetten Bachs. An der Nordseite erinnert ein Fenster an den Komponisten, ein weiteres an Felix Mendelssohn Bartholdy, der auch in dieser Kirche musizierte. Mendelssohn finanzierte durch Orgelkonzerte das weltweit erste Bachdenkmal, 1843 in den Anlagen am Dietrichring aufgestellt. Das Bachdenkmal am Thomaskirchhof entstand 1908; im Bosehaus das Bach-Museum (tgl. 10–17 Uhr).

## Nikolaikirche

Palmengewölbe in St. Nikolai

Die im 12. Jh. als romanische Basilika errichtete Nikolaikirche wurde im 14./15. Jh. gotisch, 1784/97 klassizistisch umgebaut. Markant die Säulen mit zu Palmenwedeln auslaufenden Kapitellen sowie die Ausstattung des Chorraumes (1785/97). Bach führte hier erstmalig sein Weihnachtsoratorium auf. Weltbekannt wurde die Kirche v. a. wegen der ›Montagsgebete‹, die im Herbst 1989 in machtvollen Demonstrationen gegen die SED gipfelten. Seit 1982 versammeln sich kirchliche Friedensgruppen jeden Montag (17 Uhr) zu jenen Andachten.

## Romanushaus

Das 1701/04 für den Bürgermeister Franz Conrad Romanus erbaute, wohl prächtigste Leipziger Stadtpalais, Ecke Katharinenstr./Brühl, ließ dieser mit veruntreuten öffentlichen Geldern errichten, was ihm 41 Jahre Haft auf Festung Königstein eintrug.

## Russische Gedächtniskirche

Mit seiner leuchtendgoldenen Zwiebelkuppel ist St. Alexi am Friedenspark weithin zu sehen. Der Sakralbau wurde 1912/13 zur Erinnerung an die 22000 russischen Gefallenen der Völkerschlacht erbaut. Kunstvoll gestaltet ist die 18 m hohe prächtige Ikonostase, eine Stiftung der Donkosaken.

Russische Kirche St. Alexi

## Völkerschlachtdenkmal

Auf dem Gelände, das 1813 Schauplatz der Leipziger Völkerschlacht war, wurde 100 Jahre später ein monumentales Denkmal eingeweiht. Nach einem Entwurf des Architekten Bruno Schmitz, von dem auch das Kyffhäuserdenkmal stammt, entstand das 91 m hohe, 6 Mill. Goldmark teure Völkerschlachtdenkmal (1898–1913). In der Krypta die 5,5 m hohe Maske des sterbenden Kriegers, darüber erhebt sich 60 m hoch die Ruhmeshalle, deren Kuppel mit einem Fries von 324 Reiterfiguren versehen ist. An der Kuppelaußenseite wachen 12 riesige Kriegerfiguren. Über dem Eingang thront die 12 m große Figur des Erzengels Michael. Von der oberen, über 500 Stufen zu erreichenden Plattform bietet sich ein phantastischer Panoramablick (tgl. ab 9/10–16/17 Uhr).

## Colditz

Die malerisch gelegene sächsische Kleinstadt (5900 Einw.) am Osthang der Zwickauer Mulde ist in Deutschland weitgehend unbekannt, nicht so in Großbritannien. Grund dafür ist das Offizierslager auf dem **Schloß** (1578/91), in dem 1939–1945 alliierte, meist britische Offiziere interniert waren. Die Haftbedingungen, für das nationalsozialistische Deutschland untypisch human, wurden von den Offizieren auch für phantasievolle, häufig mißlungene Fluchtversuche genutzt und damit der Kult um die ›britischen Helden von Colditz‹ begründet. ›The Colditz-Story‹ des Offiziers Pat Reid wurde zum Bestseller. Die BBC produzierte eine 15teilige Serie, die Spielwarenindustrie vermarktet die Geschichte mit dem Würfelspiel ›Escape from Colditz‹. Im Ort gefällt v. a. der **Markt** mit restaurierten Bürgerhäusern und Rathaus (1650/57). Das **Stadtmuseum** (16. Jh., Tiergartenstr. 1, di–so 10–16 Uhr) erinnert außer an die ›Colditz-Story‹ auch an den 1684 hier gebürtigen Johann David Köhler, der die wissenschaftliche Münzkunde begründete.

## Machern

In dem langgezogenen Ort (1800 Einw.), 16 km östl. von Leipzig, befindet sich einer der schönsten Landschaftsparks Sachsens. 1782 begann Karl Heinrich August Reichsgraf von Lindenau neben seinem **Renaissanceschloß** (um 1565, später mehrfach verändert) mit der Anlage des Gartens. Angeregt durch englische Landschaftsgärten, entstand der romantische Park. Von den Kleinarchitekturen blieben u. a. Hygieia- (1797), Agnes-Tempel (1806) und die künstliche Burgruine erhalten. Auffallendstes Bauwerk ist die als Mausoleum geplante, mit klassizistischem Portal versehene Pyramide (1792). Machern ist zum Reiseziel literarisch interessierter Japaner geworden, weil der Lessing-, Goethe- und Kleistübersetzer Mori Ogai (1862–1922) 1885 auf dem Schloß weilte und den Park zum Schauplatz einer seiner Novellen machte.

## Grimma

Am östl. Rand der Leipziger Tieflandbucht liegt im Muldental die kleine Stadt (15900 Einw.). Auf dem von Bürgerhäusern gesäumten Marktplatz das **Renaissancerathaus** (1538/85) ungewöhnlich geschweiftem Giebel. Die **Frauenkirche** hat romanische Ursprünge, wurde aber nach 1300 zu einer dreischiffigen gotischen Basilika umgestaltet. Die prächtige **Muldenbrücke** (Mittelteil neuere Stahlkonstruktion) schuf 1716/19 der Zwinger-Baumeister M. D. Pöppelmann. In Grimma lebte der Verleger Georg Göschen, der u. a. mit Schiller befreundet war. Sein Haus (1775), Schillerstr. 25, ist heute Museum (di, do, sa/so 10–17 Uhr). In Göschens Verlag war auch der Dichter Johann Gottfried Seume (1763–1810) als Lektor beschäftigt, bevor er 1801 zu seinem ›Spaziergang nach Syrakus 1802‹ (Buchtitel) aufbrach. Gedenkstätte im Göschenhaus. Im Ortsteil **Nimbschen** die Ruine des Klosters, aus dem Luthers spätere Frau Katharina von Bora 1523 geflohen war. Mit der Stocherkahnfähre (tgl. außer mo ab 10 Uhr) über die Mulde wird **Höfgen** erreicht; im Dorf eine roman.-got. Dorfkirche und eine Wassermühle (18. Jh.; Mai–Sept. tgl. 10–17 Uhr). Vom Porphyrfelsen des Rabensteins Panoramablick auf das Muldental.

›Gattersburg‹ an der Mulde

## Kohrener Land

Zu den reizvollsten Regionen im Leipziger Umland gehört die Region um die Töpferstadt **Kohren-Salis** (1950 Einw.). Die liebliche, von Misch-wäldern und Wiesen, Bächen und Teichen geprägte Hügellandschaft kontrastiert mit den stark industrialisierten Landstrichen ihrer unmittelbaren Nachbarschaft. Daß die Töpferei in der (seit 1934) Doppelgemeinde eine bedeutende Rolle spielte, zeigt der sog. Töpferbrunnen (1928) im Ortskern. **Töpfermuseum** (mit Schauwerkstatt; März bis Oktober di–so 10.30–12, 13–17 Uhr). Zwei Töpfe-reien sind noch aktiv. Burg Kohren (12. Jh.) ist längst Ruine. Erhalten blieben in der Nähe **Schloß Frohburg** (16. Jh., mit Heimatmuseum, Mai–Sept di–do, sa/so, sonst sa/so geschl.) sowie **Burg Gnandstein**. Die im 12. Jh. zur Sicherung des Handelsweges nach Leipzig erbaute Wehranlage wurde wiederholt umgebaut (Museum; ganzj. außer mo; Dez. nur sa/so).

## Wurzen

Kleinstadt (17800 Einw.) und frühere bischöfliche Residenz am Ostrand der Leipziger Tieflandsbucht mit bedeutendem **Dom-Schloß-Bezirk**. Als romani-sche Basilika begonnen, wurde St. Marien zur goti-schen Hallenkirche umgebaut (13.–16. Jh.). An den Pfeilern drei spätgotische Sandsteinplastiken, die Kaiser Otto I., den Apostel Johannes und den hl. Donatus darstellen. Bemerkenswert auch die Kreuzi-gungsgruppe im Altarraum und die bronzene Kanzel (beide 1928/32) des Dresdner Bildhauers Georg Wrba. In Wurzen kam Hans Bötticher zur Welt; das Geburtshaus Crostigall 14 des unter dem Pseudonym Joachim Ringelnatz (1883–1934) bekannt ge-wordenen Dichters ist Gedenkstätte (di, do 14–16, mi 14–17, so 10–12 Uhr).

## Torgau

Von Leipzig aus erreicht man in nordöstl. Richtung über Eilen-burg die alte Residenzstadt (20900 Einw.). Am Elbufer **Schloß Hartenfels,** eine vor 973 errichtete Burg, die im 16./17. Jh. zur Renaissance-Residenz der ernestinischen Kurfürsten ausgebaut wurde. Mit der Schloßkirche entstand dort der weltweit erste protestantische Sakralbau, von Martin Luther am 5. Okt. 1544 per-sönlich geweiht. Das Schloß ist eine unregelmäßige Vierflügelanlage mit spektakulärem Treppenturm ›Großer Wendelstein‹. Anfang 16. Jh. schuf Lucas Cranach d. Ä. Malereien in den Innenräumen (Febr.–Dez. di–so 9.30–16.30 Uhr). In die Musikgeschichte ging der Har-tenfels ein, nachdem Heinrich Schütz hier am 13. April 1627 mit ›Daphne‹ die erste deutsche Oper aufgeführt hatte. In der Altstadt mit zahlreichen **Bürgerhäusern** und einem **Renais-sance-Rathaus** (1563/79) steht das Sterbehaus (Katharinenstr. 11; Gedenkstätte, tgl.) von Luthers Frau Katharina von Bora, die in der Marienkirche (13.–15 Jh.) beigesetzt wurde. An der 1994 gesprengten alten Elbbrücke begegneten sich am 25. April 1945 ›erstmals auf deutschem Boden‹ sowjetische und amerikanische Truppen, wie ein weltberühmtes Fotodokument zeigt; tatsächlich fand das erste Zusammentreffen bereits einige Tage zuvor bei **Strehla** (30 km südl.) statt, ein Fotograf war aber nicht zugegen.

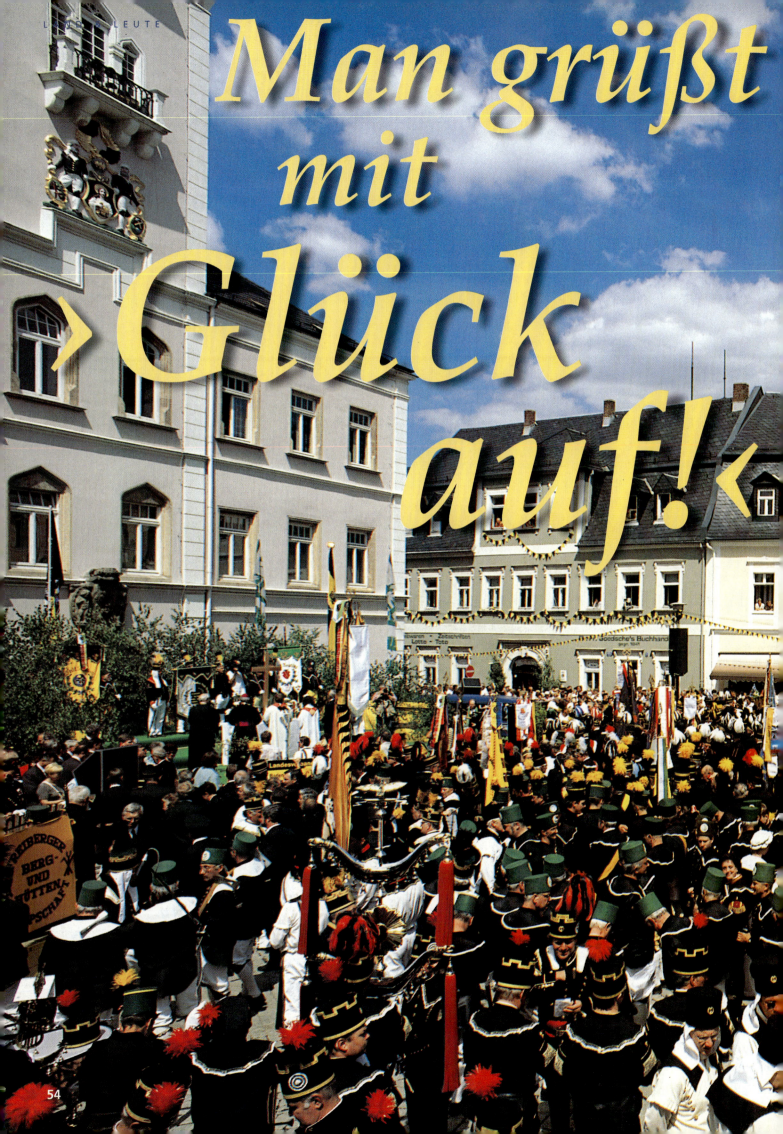

# Man grüßt mit ›Glück auf!‹

Große Silberfunde veränderten schlagartig das Leben in diesem Gebirge, dessen Wälder sich bis weit nach Böhmen zogen. Es begann eine bis heute andauernde Geschichte von Reichtum und Armut, in deren Verlauf sich die Erzgebirgler immer wieder als besonders erfinderisch erwiesen, wenn es darum ging, neue Einkommensmöglichkeiten zu ersinnen. Diesem Einfallsreichtum verdankt die Region ihre bis heute beliebten Exportartikel: Klöppelspitze und Holzspielzeug (Foto: Bergparade in Schneeberg).

# Das ›große Bergkgeschrey‹ und sein Echo

**Das Erzgebirge – der Name steht für große Hoffnungen, für den Traum von bescheidenem Wohlstand, aber auch für harte Arbeit unter Tage, Zechensterben und bittere Armut.**

Es muß eine Riesensensation gewesen sein, als die Kunde von dem Silberfund durch die Lande ging. Auf einmal war dieses Gebirge in aller Munde. Gewiß, schon mehr als 100 Jahre zuvor hatten hier Bauern begonnen, in mühevoller Arbeit Wälder zu roden, Felder anzulegen und Siedlungen zu gründen. Doch jetzt, im geschichtsträchtigen Jahr 1168, sollte sich die ganze Plackerei auszahlen, denn Silber verhieß Reichtum. Als damals am Fuße des Osterzgebirges auf der Flur von Christiansdorf das edle Metall gefunden wurde, erhob sich ›das große Bergkgeschrey‹, das bis nach Böhmen und in den Harz hin zu hören war und Bergleute anlockte, die nun ihr Glück machen wollten.

**Oben: Die historische Freiberger Berg- und Hüttenparade bildet einen kulturellen Höhepunkt im Festjahr. Unten: Exponate des Technischen Museums.**

## ›Otto der Reiche‹

Das erste Silber fand man ausgerechnet auf jenen Ländereien, die Markgraf Otto erst kurz zuvor den Zisterziensern von Altzella geschenkt hatte. Das war dumm gelaufen für den Wettiner, dem es aber mit einer Mischung aus Freundlichkeit und Nachdruck gelang, den frommen Brüdern ihren gewinnträchtigen Besitz wieder abzuhandeln. Als dies erledigt war, klingelte es in seiner Kasse. Die fleißigen Berg-

leute hingegen, die unter Tage das kostbare Silber abbauten, hatten nicht viel davon. Sie sorgten vor allem dafür, daß sich Markgraf Otto den Beinamen ›der Reiche‹ verdienen konnte. Im Laufe der nächsten Jahrzehnte schienen die Vorkommen schnell zur Neige zu gehen, das Bergkgeschrey wurde immer leiser und verstummte um die Mitte des 13. Jahrhunderts ganz. Es dauerte noch einmal ganze 200 Jahre, bis neue, noch reichere Vorkommen entdeckt wurden – und damit eine weitere Besiedlungswelle auslösten. 1460 entstanden am Schneeberg neue Gruben und Hütten, 1492 bei Anna-

berg und 1519 bei Marienberg. Nun entwickelte sich ein leistungsfähiges Montanwesen, von dem das Gebirge profitierte und seinen Namen erhielt: Das Erzgebirge wurde zu einem Begriff, der nicht nur in Sachsen einen ganz besonderen Klang bekam. Was man aus den Stollen zutage förderte, war übrigens nicht nur Silber, das man auch vermünzte, sondern ebenso Blei, Kupfer, Eisenerz und Steinkohle. Außer den Landesherren kamen auch viele Bürger zu Wohlstand, die ihre Bergstädte mit prächtigen Häusern und imposanten Hallenkirchen schmückten. Nur 20 Jahre nach der Ent-

deckung der Silberader bei Schneeberg gab es in der kurz darauf gegründeten Stadt bereits 265 Zechen. In Annaberg waren um 1530 Bergleute in beinahe 400 Zechen beschäftigt.

## Aufstieg und Niedergang

Das 15. und 16. Jahrhundert war die große Zeit des Bergbaus. Reich wurden die Erzgebirgler dabei nicht, aber harte Arbeit sicherte ihnen damals zumindest ein vergleichsweise gutes Auskommen. So blieb es jedoch nicht, denn zu Beginn des 17. Jahrhunderts begann das große Zechensterben. Viele Vorkommen waren

**Noch heute wird in Schneeberg der ›Bergstreittag‹ mit einer Parade gefeiert. Sie erinnert an den Protest der Bergleute vom 22. Juli 1525 gegen ungerechte Lohnabzüge.**

erschöpft, die Bergleute fanden keine Arbeit mehr. Immer mehr Menschen kamen in die Region. Mitte des 17. Jahrhunderts waren es vor allem protestantische Religionsflüchtlinge aus Böhmen. Aus der Wohlstandsregion wurde ein Armenhaus. Dabei waren die Erzgebirgler durchaus bereit, neue Ideen zu verwirklichen.

## Klöppeln gegen Armut

Schon 1561 führte Barbara Uttmann, die Frau eines reichen Bergherrn, das Klöppeln im Erzgebirge ein. Die Frauen waren geschickt und fleißig – ihre Klöppelspitze wurde bald zu einem begehrten Exportartikel. Da die Bezahlung aber schlecht blieb, mußten auch die Kinder mitarbeiten. Welchen geradezu unglaublichen Belastungen sie schon beim Erlernen dieses schwierigen Handwerks ausgesetzt waren, zeigt ein Bericht aus dem Jahre 1852 über den Tagesablauf der Kinder in den Klöppelschulen: ›Diese armen Kinder haben keine freie Stunde des Tags: Denn früh von 6 bis 9 Uhr besuchen sie die öffentliche Schule, und dann geht's von 9 bis 12 in die Klöppelschule. Um 1 Uhr nimmt der Unterricht in der Klöppelschule wieder seinen Anfang und dauert mit kurzer Unterbrechung im Winter bis um 10 Uhr, im Sommer bis um 12 Uhr in der Nacht. Und diese armen Kinder finden, wenn sie zu Mittag nach Hause kommen, oft nicht einmal das trockene Brot!‹ Viele arbeitslose Bergleute trauerten ihrem früheren Leben nach, doch sie machten das auf sehr produktive Weise, indem sie ganze Berg-

mannsparaden aus Holz fertigten. Das Herstellen von Holzspielzeug erwies sich als glänzende Idee. In Seiffen, einer 1324 erstmals erwähnte Siedlung, begann man schon im 17. Jahrhundert mit der Herstellung von allerlei Tieren und Menschen, Häusern und Kirchen, Engeln und Berggeistern. Bald war die ›Seiffener Ware‹ auf den Messen von Leipzig und Nürnberg ein guter Begriff, der allerdings nur die Zwischenhändler reich machte. Erzgebirgisches Holzspielzeug, vor allem aber die weihnachtlichen Bergmannskapellen, Engel, Nußknacker und Räuchermänner sind noch immer beliebt. Während der DDR-Zeit mußten sich die Familienbetriebe, die diese kleinen Kunstwerke oft seit Generationen herstellen, den Restriktionen der ›sozialistischen Planwirtschaft‹ erwehren. Jetzt bekommen sie es mit der fernöstlichen Billigkonkurrenz zu tun, die schamlos Plagiate auf den Markt wirft. Doch wer genau hinsieht, erkennt die Unterschiede, denn die erzgebirgischen Originale sind von anderer Qualität. Und reich werden die Schnitzer und Drechsler aus Seiffen, Olbernhau und Grünhainichen dabei immer noch nicht, denn sie investieren in ihre Holzspielzeuge viele Stunden Handarbeit.

## Das Erzgebirge heute

Auch wenn heute keine allgemeine Armut herrscht, so gibt es doch eine Fülle sozialer Probleme, von denen vor allem die klassischen Industrieregionen Chemnitz und Zwickau betroffen sind. Im 19. Jahrhundert schlug hier das industrielle Herz Sachsens. Es gab leistungsfähige Fabriken und hervorragend ausgebildete Fachkräfte, die gut verdienten.
Doch in der sozialistischen Ära wurde dieses Kapital buchstäblich verspielt. Veraltete Technologien und Anlagen in der Metallverarbeitung, im Fahrzeug- und Maschinenbau, in der Textilbranche und Papierherstellung haben nach der Wende zu hoher Arbeitslosigkeit geführt. Hinzu kommen Umweltprobleme als Folgen des Sauren Regens und – schlimmer noch – des Uranbergbaus, von dem zu DDR-Zeit vor allem die Region um Aue schwer geschädigt wurde.
Es wird noch Jahre dauern, bevor der notwendige Strukturwandel abgeschlossen ist. Doch das Erzgebirge liegt nicht mehr im Abseits. Längst gibt es ein neues Interesse an den Schönheiten, der Geschichte und den Sehenswürdigkeiten dieser alten Kulturlandschaft, deren überraschend großer Freizeitwert allemal eine Entdeckung wert ist.

**Über 400 Häuser sind in Freiberg denkmalgeschützt. Die Mitte der Stadt bildet der Marktbrunnen mit einem Standbild von ›Otto dem Reichen‹.**

Die Tulpenkanzel
im Freiberger
Dom (1508/10) von
Hans Witten ist
ein Meisterwerk mittel-
alterlicher Palstik.

# Freiberg: Orgelklang und Prinzenraub

**Ein musikalischer Hochgenuß in ehrwürdigem Rahmen erwartet den Besucher im Freiberger Dom, wenn der Organist die berühmte Silbermannorgel erklingen läßt.**

Er spielt Johann Sebastian Bachs Fantasien und Fuge g-Moll, ein gewaltiges Werk von atemberaubender, harmonischer Kühnheit. Wohl nirgendwo wird diese Komposition schöner klingen als im Freiberger Dom, in dem der berühmte Orgelbaumeister Gottfried Silbermann 1710 sein größtes und vollkommenstes Werk geschaffen hat. Silbermann, das klingt nach dem Erzgebirge, und es erinnert an das wahrhaft glänzende Klangbild seiner Orgeln. 1683 im nahen Kleinbobritzsch geboren, eröffnete Silbermann 1710 in Freiberg seine Werkstatt. Insgesamt hat er 45 Orgeln gebaut, 31 davon sind erhalten – und die berühmteste hat im Freiberger Dom einen angemessenen Ort gefunden, denn der Dom St. Marien ist einer der herausragenden Sakralbauten des Landes. Bald nach den Silberfunden ließ Markgraf Otto 1180/90 eine romanische Pfeilerbasilika erbauen. 1480 zum Dom erhoben, fielen große Teile des Bauwerks vier Jahre später einem Stadtbrand zum Opfer. Bis 1512 war die Kirche wieder aufgebaut, als große spätgotische Halle.

## Die ›Goldene Pforte‹

Doch die berühmte ›Goldene Pforte‹, die bei dem Brand glücklicherweise unversehrt geblieben war, wurde in den Neubau integriert. Dieses früheste deutsche Figurenportal befindet sich heute an der Südwand. Die kunstvoll gearbeiteten Plastiken bewahren manches Geheimnis, erzählen aber auch viele Geschichten – nicht nur aus der Bibel, sondern vermutlich auch aus Sachsens Historie. So soll einer der Heiligen Drei Könige Heinrich den Erlauchten darstellen, 1288 gestorben. Im Dom wird man Hans Wittens berühmte 1510 vollendete Tulpenkanzel sowie die gut 300 Jahre ältere spätromanische Triumphgruppe bewundern. Im Chorraum hatten die protestantisch gewordenen Wettiner ihre Grablege eingerichtet. In der Mitte ruht in einem gewaltigen Renaissancegrabmal Kurfürst Moritz, der 1553 starb und einer der bedeutendsten, wenngleich auch widersprüchlichsten Sachsenherrscher gewesen ist.

Daß das von Markgraf Otto als Sächsstadt gegründete Freiberg im Mittelalter Sachsens reichste Stadt war, ist noch heute zu spüren. Auch spätere Erzfunde haben sich für Freiberg, wo 1765 die erste Bergakademie der Welt eröffnet wurde, ausgezahlt. Von Schloß Freudenstein, am nordwestlichen Altstadtrand, ist die Bergakademie über die Burgstraße schnell erreicht. Nur wenige Schritte weiter und wir sind am Obermarkt mit dem 1474 erbauten Rathaus. Viele der schönen Bürgerhäuser standen schon, als auf dem Platz der letzte Akt eines mittelalterlichen Kriminalstücks gegeben wurde.

## Der Prinzenraub

Die Geschichte des ›Sächsischen Prinzenraubs‹ begann mit einem Streit zwischen den Wettinern und einem stolzen Ritter. Kunz von Kaufunger hatte Kurfürst Friedrich II. im Krieg treue Dienste erwiesen, war in Gefangenschaft geraten und hatte sogar seine Burg verloren. Als sich der Kurfürst als allzu undankbar erwies, drang der Ritter in der Nacht von 7. zum 8. Juli 1455 in das Altenburger Schloß ein und kidnappte die beiden Prinzen Ernst und August. Doch Glück brachte ihm die Entführung nicht, denn im Wald bei Grünhain erkannte ihn ein Köhler, der die Behörden alarmierte. Kunz wurde auf dem Freiberger Obermarkt mit dem Fallbeil hingerichtet. Wenn Freibergs Stadtführer die Schauergeschichte erzählen, klingt Bedauern am Schicksal des Ritters mit. ›Hädde ja alles nisch sein müssen‹, sagt einer zu seiner Gruppe, ›wenn der Fürscht sich goreggt verhaln hädde‹.

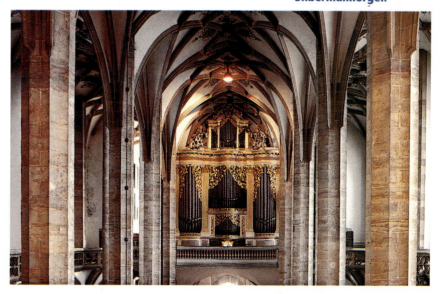

# Das Geheimnis der Reifentiere

**Ein Besuch im winterlich-weiß verschneiten Seiffen gehört einfach zur Adventszeit dazu. Dann herrscht in dem Spielzeugdorf Hochbetrieb, werden Kinderträume wahr.**

›Die sieht ja wirklich so aus‹, sagt ein Junge und zeigt ganz verblüfft auf die Kirche, die am Rande eines Hanges tief eingeschneit in der Winterlandschaft steht. Wohl keine zweite Kirche auf der Welt wird so oft als Modell nachgebaut wie dieser schlichte Achteckbau mit seinem hohen Zeltdach und dem Glockentürmchen. Und irgendwie wirkt auch das Original der Seiffener Kirche aus dem Jahr 1799 ein bißchen wie ein Spielzeug.

Jedenfalls kann man sich gut vorstellen, wie die Sternsinger, die in Sachsen Kurrendaner genannt werden, zu Weihnachten mit ihren schwarzen Talaren vor dieser Kirche stehen und die alten Quempas-Lieder singen. Die hundert-

tausendfach angefertigte ›Seiffener Kurrende‹ ist eines der bekanntesten weihnachtlichen Figurenensembles erzgebirgischer Holzschnitzkunst und seit vielen Jahrzehnten ein Exportschlager. Sie besteht aus der achteckigen Kirche, einigen Holzhäusern und den schwarzgekleideten Kurrendekindern, von denen eines einen gelben Stern in der Hand hält.

## Advent im Spielzeugdorf

In der Adventszeit ist in Seiffen stets Hochbetrieb. Ganze Kolonnen von Autos und Reisebussen fahren dann in das berühmte Erzgebirgsdorf, das etwa 40 Kilometer südöstlich von Chemnitz liegt. Es sind nicht nur Touristen von auswärts, auch für viele Familien aus Chemnitz, aus Dresden und Leipzig gehört ein Besuch in Seiffen unverzichtbar zur Adventszeit.

An der Hauptstraße, die sich kilometerweit den Berg hinaufzieht, ist das Gedränge groß. Ein Schnitzerbetrieb reiht sich an den anderen, überall gibt es Verkaufsangebote. In den Fenstern stehen die erleuchteten Schwibbögen, und viele Zimmer sind in das warme Licht der Herrnhuter Adventssterne getaucht. Doch erst zur blauen Stunde, wenn es dämmrig wird und der Schnee geheimnisvoll glitzert, zeigt sich

**Mittelpunkt des Weihnachtsmarktes in Schneeberg an der Silberstraße ist die acht Meter hohe Pyramide, die einem Förderturm nachempfunden ist.**

Das Freilichtmuseum in Seiffen zeigt seinen Besuchern anschaulich die typischen Handwerke dieser Region, wie hier der Drechsler in der Reifendreherwerkstatt.

**Vom Reifendreher vorgeformt und in Scheiben geschnitten warten die Figuren auf den letzten Schliff.**

Seiffen von seiner schönsten Seite. Die Christbäume sind erleuchtet, ein Posaunenchor bläst Choräle und im Erzgebirgischen Spielzeugmuseum wird kurz nach 17 Uhr der letzte Besucher mit freundlichem Nachdruck herauskomplimentiert. Jetzt, wo die Busse wegfahren, kommt Seiffen zu sich selbst. Die Straßen sind viel leerer, die Kirchenglocken läuten und laden zum Weihnachtsliedersingen ein. Wer Advent im Erzgebirge erleben will, muß sich mehr als nur ein paar Stunden Zeit nehmen.

## Not macht erfinderisch

Im Spielzeugmuseum erfährt der Besucher, wie und warum einst aus Bergleuten Spielzeugmacher wurden. Die romantische Vorstellung, der Bergmann hätten nach getaner Arbeit unter Tage gemütlich am Küchentisch gesessen und Engelchen geschnitzt, darf man getrost vergessen. Es war vor allem wirtschaftliche Not, die zur Entwicklung des Spielwarenhandwerks führte. Schon 1644 ist im Seiffener Kirchenbuch ein Drechsler vermerkt. Spielzeug wird er allerdings kaum hergestellt haben, sondern eher nützliche Dinge für den Haushalt. Als später der Zinnbergbau immer unrentabler wurde, nahmen in Seiffen die Zahl der Drechsler stark zu. Für viele ehemalige Bergleute wurde die

Holzverarbeitung, bei der seit dem 19. Jahrhundert das Spielzeug immer größere Bedeutung gewann, zum neuen Broterwerb. Doch das Leben unter Tage vergaßen sie nicht, im Gegenteil, die Bergbautradition bestimmte auf ganz unverwechselbare Weise den Charakter der Holzfiguren, des Spielzeuges und der weihnachtlichen Gegenstände. Ganz deutlich wird das an den Bergmannskapellen, die in ihren schmucken Uniformen in Reih und Glied angetreten sind. Auch in den Schwibbögen taucht der Bergmann auf, der außerdem als Räuchermann und Leuchterfigur seit fast zwei Jahrhunderten unverdrossen Dienst tut.

Das Erzgebirgische Spielzeugmuseum ist Kinderparadies, Weihnachtsland und Arche Noah zugleich. Kaum vorstellbar, was hier alles bewundert werden kann: Nußknacker und Räuchermänner, Schwibbögen, Engelsorchester und Krippenfiguren, hölzerne Tiere und Bäume, Häuser und Autos. Dazu die Spandosen, in denen seit Beginn unseres Jahrhunderts hölzernes Miniaturspielzeug in die ganze Welt verschickt wird. Besonders faszinierend ist der Weihnachtsberg: Hier finden wir auch die Seiffener Kirche wieder, von innen beleuchtet und tief eingeschneit – und täglich von 9 bis 17 Uhr geöffnet.

**Traditionelle Frauenarbeit ist das abschließende Ausmalen und Kleben der Figuren.**

**Ein Weihnachtsmann? Ein Nachtwächter? — Räuchermänner vor der Bemalung.**

Ein paar Schritte weiter kann man in der Schauwerkstatt (an der Bahnhofstraße 12) erfahren, wie alle diese Kunstwerke entstehen. Man sieht die Schnitzer bei der Arbeit, kann beobachten, wie Engel und Bergmänner bemalt und lackiert werden. Doch am verblüffendsten ist es, wenn ein Drechsler das Geheimnis der Reifentiere lüftet: Behutsam spannt er einen Rohling auf die Maschine und gibt dem rotierenden Ring aus Fichtenholz eine ganz bestimmte Form, der noch kein Tier anzusehen ist. Doch sobald er aus dem fertigen Reifen einzelne Scheiben heraussägt, entstehen kleine Pferde. Oder Kühe, Schweine, Hunde und Kamele. Die ganze Arche Noah läßt sich mit Reifentieren bevölkern.

## Weihnachtspyramiden

Eine Reise in die Vergangenheit verheißt ein Besuch im Erzgebirgischen Freilichtmuseum, das wir am östlichen Ortsausgang in Richtung Deutscheinsiedel finden. Zu dem rekonstruierten Dorf gehört u. a. ein Bergmannshaus, ein Flößerhaus, ein Spankorbmacherhaus und ein Sägewerk. Auch hier, in einem Wasserkraftdrehwerk aus dem Jahr 1760, kann man sehen, wie Reifentiere hergestellt werden.

Doch die wahrscheinlich schönste Erfindung der erzgebirgischen Spielzeugmacher ist die Weihnachtspyramide: Eine drehbaren Achse, an der eine oder mehrere übereinanderliegende Plattformen mit Figuren angebracht sind, hat am oberen Ende ein Rad mit schräggestellten Flügeln. Zündet man an der Pyramide Kerzen an, wird das Flügelrad durch die aufsteigende Wärme in Gang gesetzt, und die Figuren drehen sich im Kreis. Das schönste daran sind aber die geheimnisvollen Schattenspiele, die die Flügelräder an den Wänden und der Decke des Weihnachtszimmers zaubern. Pyramiden kann man in Seiffen überall sehen und kaufen. Wer beim Preis zusammenzuckt, sollte sich daran erinnern, daß die kleinen Holzfiguren heute wie vor 100 Jahren in vielen Stunden Handarbeit hergestellt werden.

**Ein Exportschlager aus dem Erzgebirge: Der Nußknacker, in aller Welt bekannt und in jeder erdenklichen Form zu haben. Hergestellt in 126 Handarbeitsschritten.**

# Abschied von Karl Marx

**Blues singende Jesusjünger im ›Sächsischen Manchester‹ und wie die Bewohner von Chemnitz stets die historischen Bauwerke dem ›Nüschl‹ vorzogen.**

Karl-Marx-Stadt an einem Samstagabend Mitte der 70er Jahre: Der Pastor trug keinen Talar, sondern Jeans, und als er die Kanzel betrat, begrüßte er erst einmal die ungebetenen Gäste von der Stasi. Was sich da allmonatlich hoch über der Stadt in der Schloßkirche Unerhörtes ereignete, bereitete der SED stets schweres Kopfzerbrechen: Ausgerechnet in Karl-Marx-Stadt versammelten sich die langhaarigen Jesusjünger der DDR, um dem charismatischen Pastor Theo Lehmann zu lauschen und fromme Bluessongs zu singen.

Karl Marx und Chemnitz – irgendwie paßte das schon zu DDR-Zeiten nie so richtig zusammen, obwohl die SED-Führung die Stadt 1953 auf den Namen ihres wichtigsten ideologischen Kirchenvaters getauft hatte.

## Sachsens ›Manchester‹

Die Stadt am Rande des Erzgebirges hatte sich zwar im 19. Jahrhundert, als hier Lokomotiven- und Werkzeugmaschinenfabriken, Textilbetriebe und chemische Werke entstanden, den Namen ›Sächsisches Manchester‹ verdient, aber der Nationalökonom aus Trier war zeitlebens nie hier gewesen. Bei den Chemnitzern konnte man kaum besondere Sympathien für die SED beobachten. Ganz und gar ›unfortschrittlich‹ hingen sie weit mehr an den wenigen historischen Bauten, die die Bomben des Zweiten Weltkriegs und die Planer des Wiederaufbaus in ihrer Stadt übriggelassen hatten, als an den Monumenten der neuen Zeit. Chemnitz – das ist das spätgotische Rathaus, das barocke Siegertsche Haus am Marktplatz, die gotische Jakobikirche, der Rote Turm und vor allem die

sehenswerte Schloßkirche mit ihrem berühmten Astwerkportal, das der Bildhauer Hans Witten zwischen 1505 und 1525 geschaffen hat.

## ›Dor Nüschl‹

Umstrittenes Wahrzeichen von Karl-Marx-Stadt ist und bleibt das Marx-Monument aus dem Jahr 1971: Der 7,10 Meter hohe bronzene Marx-Kopf wurde schon zu DDR-Zeiten mit dem Spottnamen ›dor Nüschl‹ (der dicke Kopf) tituliert. Manche Chemnitzer wollten das monströse Relikt des sozialistischen Realismus entfernt haben, doch schließlich einigte man sich darauf, dieses Denkmal als Geschichtszeugnis an Ort und Stelle zu belassen.

Ein Geschichtsmonument ganz anderer Art ist die etwa 16 Kilometer östlich von Chemnitz gelegene Augustusburg, die sich Kurfürst August I. erbauen ließ. Der Gebäudekomplex gehört zu den Spitzenleistungen der Renaissance-Architektur in Sachsen. An der Südwestecke steht das ›Hasenhaus‹. Ein Bildzyklus von 1572 erzählt vom ›Krieg der Hasen gegen die Stadt der Jäger und der Hunde‹. Verkehrte

Welt nennt man diesen in der Barockzeit beliebten Bildtypus. Ein bißchen verkehrt kommt es manchem Besucher zunächst auch vor, wenn er in historischem Gemäuer einer Sammlung von mehr als 170 historischen Motorrädern begegnet. Motorräder in einer Burg? In Augustusburg macht das durchaus Sinn, denn Europas größtes Motorradmuseum erinnert hier daran, daß im nahegelegenen Zschopau mit den legendären Marken DKW und MZ jahrzehntelang Zweiradgeschichte geschrieben wurde.

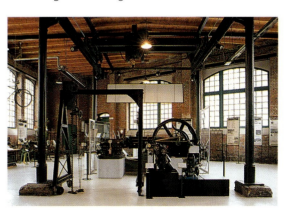

**Das Industrie-Museum der Stadt Chemnitz dokumentiert die Mechanisierung im 19. Jahrhundert.**

## Erzgebirge

Zwischen Sächsischer Schweiz im Osten und Vogtland im Westen erstreckt sich an Sachsens Südgrenze auf 130 km Länge das Erzgebirge. Seit Jahrhunderten bildet der Kamm die Grenze zwischen Sachsen und Böhmen, heute Staatsgrenze zwischen Deutschland und Tschechien. Das Gebirge ist eine von Südwesten nach Nordosten verlaufende sog. Pultscholle aus Granit-, Porphyr- und Glimmerschiefergesteinen. Die Wälder, v. a. der Fichtenbestand in den Kammlagen, sind stark vom Waldsterben betroffen, Hauptverursacher sind die Abgase der Industrieanlagen beiderseits der Grenze. Höchste Erhebung ist der böhmische **Keilberg** (1244 m), der höchste Gipfel auf deutscher Seite der **Fichtelberg** (1214 m). Die **Flöha,** die dort entspringt und bei Zschopau in die Chemnitz mündet, trennt Ost- und Westerzgebirge geologisch.

## Sächsisches Vogtland

Am Westrand des Erzgebirges beginnend, füllt das Vogtland den südwestlichen Zipfel Sachsens aus. Es ist eine wellige – und in der Vogtländischen Schweiz geradezu liebliche –, durch tief gekerbte Täler gegliederte Hochfläche, die im **Elstergebirge** Höhen bis 758 m erreicht. Der Name der Region geht auf Reichsvögte zurück, die für die Salier- und Stauferkaiser (12./13. Jh.) hier die Macht ausübten.

Chemnitzer Rosenhof bei den Rathäusern

## Chemnitz

Das ›Tor zum Erzgebirge‹ in Talkessellage entstand ab 1165 um ein Reichskloster (gegr. 1136). Im 14. Jh. Zentrum des Garn- und Leinwandhandels, wurde die heute drittgrößte Stadt des Landes (273800 Einw.) nach 1820 zur Metropole des deutschen Maschinenbaus (›Sächsisches Manchester‹; ab 1847 Bau von Lokomotiven). 1945 Zerstörung des Altstadtkerns. Verschont blieb u. a. das Stadtviertel Kaßberg mit zahlreichen großbürgerlichen Wohnbauten (1880–1930); die Schriftsteller Stephan Hermlin (1915–1997), Stefan Heym (geb. 1913) und Rolf Schneider (geb. 1932) wurden hier geboren. 1953–1990 Karl-Marx-Stadt (Marx-Monument, 1971). Im Zentrum sind v. a. die **Schloßkirche** auf dem Schloßberg (12.–15. Jh.; Klostergebäude; Museum, di–so ab 10 Uhr), die Stadtkirche **St. Jakobi** (um 1165) und das **Alte Rathaus** (1496/98; 16. Jh.) sehenswert. Das **Neue Rathaus** (1907/11) ist im Jugendstil ausgestattet. Roter Turm (12./16. Jh.) ›Versteinerter Wald‹ (ca. 250 Mill. Jahre alte Baumstämme) vor dem **König-Albert-Museumsbau** am Theaterplatz (1906/09; nach 1947), der die Städtischen Kunstsammlungen (di–so 11–17 Uhr; u. a. große Karl-Schmidt-Rottluff-Werkschau) und das Naturkundemuseum (di–fr ab 9, sa/so ab 11 Uhr) aufnimmt. Das **Deutsche Spielemuseum** zeigt Spielwaren aus 400 Jahren (mi–fr 13–19, sa/so 11–19 Uhr). In einer alten Gießerei (1875) ist das **Industriemuseum** zuhause (Annaberger Str. 114, so–fr 9–17 Uhr). **Schloß Augustusburg** (15 km östl.) entstand 1568/73 als monumentale Renaissance-Anlage (Motorrad- und Tierkundemuseum, April–Okt. tgl. ab 9 Uhr, sonst di–so ab 10 Uhr). Der **Rabenstein** (6 km westl.; um 1170; di–so ab 9 Uhr) ist die kleinste Burganlage Sachsens; nahebei das Schaubergwerk ›Felsendome‹ (mi–mo 9–16 Uhr).

Kunsteis-Rodelstrecke

## Altenberg

Die osterzgebirgische Kleinstadt (750–900 m Höhe, 3400 Einw., gegr. 1440) nahe der deutsch-tschechischen Grenze ist einer der wichtigsten Wintersportorte Sachsens (Kunsteisrennstrecke auch für Gäste). 1440 wurden hier Zinnvorkommen entdeckt; Abbau bis 1991. Wahrzeichen ist die **Pinge,** ein nach dem Zusammenbruch mehrerer Zinngruben am 24. Jan. 1620 entstandener, fast 200 m tiefer Einsturztrichter. **Bergbaumuseum** mit 400 Jahre alter Zinnwäsche und Schaubergwerk ›Neubeschert-Glück-Stollen‹ (di–fr 13–16, sa/so 10–12, 13–16 Uhr).

## Bad Elster

Bad Elster (3300 Einw.; seit 1875 ›Bad‹) und Bad Brambach (3500 Einw.) sind die wichtigsten Orte des vogtländischen ›Bäderwinkels‹, einem von der Weißen Elster durchzogenen Landschaftsschutzgebiet. Die Moritzquelle des mondänen Bad Elsters wurde 1789 entdeckt. Albertbad im Jugendstil (1908/10); in dem Gebäude das Bademuseum (mi, sa 13–17 Uhr). Weniger weltgewandt das im Röthenbachtal gelegene **Bad Brambach,** dessen Radiumquelle 1812 entdeckt, aber erst ab 1912 zu Kurzwecken genutzt wurde. 1945–1957 waren die Kuranlagen Angehörigen der Sowjetarmee vorbehalten; die Eisenquelle wurde mit Marmor aus Hitlers Berliner Reichskanzlei ausgekleidet. **Raun,** ein kleiner denkmalgeschützer Ort mit viel Egerländer Fachwerk, liegt 3 km nördlich. Zu den Sehenswürdigkeiten des ›Bäderwinkels‹ zählt auch das **Vogtländische Bauernmuseum** in Landwüst zwischen beiden Bädern (Juli–Sept. di–so 8.30–17 Uhr, Nov.–Jan. di–so 10–16 Uhr).

Bad Elsters Jugendstil-Badehaus

Beim Akkordeonbau

## Klingenthal

Unter den böhmisch-egerländischen Religionsflüchtlingen, die sich im 17. Jh. in und um die Orte Klingenthal (12300 Einw.) und Markneukirchen (7000 Einw.) ansiedelten, waren viele Instrumentenbauer. So entstand im südöstl. Vogtland der ›Musikwinkel‹, in dem bis heute Streich-, Blas- und Schlaginstrumente hergestellt werden. In **Markneukirchen** wurde bereits 1677 die erste Innung gegründet. Das dortige **Musikinstrumentenmuseum** (1784/89) gehört mit 1000 Exponaten zu den größten seiner Art (di–so 9–17 Uhr). In einer Schaumanufaktur Klingenthals ist der Bau von Akkordeons zu sehen (Falkensteiner Str. 31, mo–do 8–14.30, fr bis 11 Uhr).

## Plauen

Städtisches Zentrum des Vogtlandes (68600 Einw.; 1122 erstmals erwähnt, um 1224 Stadtrechte). Seit 1466 Teil des Kurfürstentums Sachsen. 1945 zu über 70% zerstört. Bekannt wurde die Stadt an der Weißen Elster durch die seit dem 17. Jh. hier hergestellte ›Plauener Spitze‹. Die Herstellung von Baumwollwaren, Spitzen, Stickereien prägten seit dem 15. Jh. die Erwerbssituation.

In der Drachenhöhle Syrau

Nach 1880 wurde die meist handarbeitliche Textilherstellung zunehmend ›industrialisiert‹; Krise der Branche nach der Wiedervereinigung. Blickfang am Altmarkt ist das **Alte Rathaus** (14./16. Jh.) mit Renaissancegiebel von 1548. Im Gebäude das Museum Plauener Spitze (mo–fr 10–17, sa/so 9–17 Uhr). Zwei barocke Bürgerhäuser (18. Jh.), Nobelstraße 9–13, nehmen das **Vogtland-Museum** auf (di–fr ab 9, sa/so ab 10 Uhr). Am Neustadtplatz wird die Weiße Elster von der ältesten Brücke Sachsens (1244) überquert. In **Syrau** (7 km nordwestl.) liegt die ›Drachenhöhle‹, einzige Tropfsteinhöhle Sachsens (Führungen tgl. 9–16.30 Uhr; unterirdischer See, Mineralstrukturen ›Syrauer Gardinen‹). Die Elstertalbrücke (10 km nördl.; 279 m lang, 68 m hoch) entstand wie die noch gewaltigere Göltzschtalbrücke (15 km nördl. bei Mylau; 574 m lang, 78 m hoch) 1846/51.

## Kurort Oberwiesenthal

Die höchstgelegene Stadt Sachsens (914 m Höhe, 4000 Einw., gegr. 1527) am Fuß des **Fichtelbergs** (1214 m) entwickelte sich bald nach 1900 zum Wintersportzentrum. Zu DDR-Zeiten war Oberwiesenthal ›Kaderschmiede‹ für Weltmeister und Olympiasieger v. a. im Skisprung und Austragungsort internationaler Wettkämpfe. Sommerrodelbahn. Die meisten der hübschen Häuser im Zentrum entstanden nach einem Brand im späten 19. Jahrhundert. Kursächsische Postmeilensäule (1730) auf dem Markt. Ski- und Heimatmuseum im Alten Forsthaus, Karlsbader Str. 3 (di–fr 14–17, sa/so 14–16 Uhr). Eine 1172 m lange Schwebebahn verbindet seit 1924 den Ort mit dem Fichtelberg, dort ein Aussichtsturm.

Weihnachten mit der ›Peremett‹

## Hohenstein-Ernstthal

Etwa 15 km westl. von Chemnitz liegt die 1898 aus zwei Ortschaften zusammengeschlossene Stadt. Im Ortsteil Hohenstein wurde 1842 wurde der Abenteuerschriftsteller Karl May geboren, dessen Werke in der DDR lange verboten waren, bevor ihm doch noch ein Platz im ›progressiven Erbe‹ zuteil wurde. Sein Geburtshaus, Karl-May-Str. 14, ist seit 1985 Gedenkstätte (di–do 9–12, 12.30–17, sa/so 12.30–17 Uhr). Ein Wanderweg führt zu Stationen seiner Jugend (Karl-May-Höhle u. a. m.).

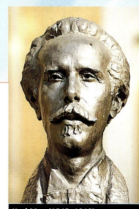
Karl May (1842–1912)

**Auf etwa 160 km Länge führt die Ferienroute ›Sächsische Silberstraße‹ durch das Erzgebirge und verbindet die nachfolgenden Städte.**

## Zwickau

Die Stadt (106000 Einw.; 1181 urkundlich genannt) erlangte im Mittelalter Bedeutung als Handelsplatz und wurde später zur wichtigen Industriestadt (u. a. Auto-Union; August-Horch-Automobilmuseum, di, do ab 9, sa/so ab 10 Uhr). In Zwickau wurde 1957–1990 der legendäre Trabant (›Trabi‹) hergestellt. Wichtigstes Bauwerk der reizvollen Altstadt ist der **Dom St. Marien** (ab 1453) mit Wolgemut-Altar (1479) und prächtigen Gewölben. Beachtenswert auch das **Gewandhaus** (1522/25; Stadttheater) am zentralen Hauptmarkt und dort Haus Nr. 5, in dem der Komponist Robert Schumann 1810 geboren wurde (Forschungs- und Gedenkstätte Robert und Clara Schumann; di–sa 10–17 Uhr). Das Rathaus wurde 1862 neugotisch umgestaltet.

Kanzelportal in St. Marien

## Schwarzenberg

Am Zusammenfluß von **Schwarzwasser** und **Mittweida** malerisch im Tal gelegener Ort (19900 Einw.). 1282 als Stadt bezeichnet, erlangte diese im 16. Jh. durch den Bergbau größere Bedeutung. Die Ortsgeschichte wird im Schloßmuseum dargestellt, das im spätgotischen Teil des **Schlosses** (15./16. Jh. und später) untergebracht ist (di–so 10.30–16.30 Uhr). Äußerlich schlicht, überrascht die 1690/99 entstandene **St.-Georg-Kirche** innen mit einem prunkvollen Emporensaal, der zu den bedeutendsten barocken Schöpfungen Sachsens gehört.

In Schwarzenbergs Altstadt

## Schneeberg

Nach Entdeckung großer Silbervorkommen auf dem Schneeberg (1470) gründete man den gleichnamigen Ort (20900 Einw.; Stadtrecht 1481), der sich zu einer der reichsten Städte der Region entwickelte. Barocke **Altstadt** (nach 1719). 1515/40 entstand die spätgotische Hallenkirche **St. Wolfgang,** berühmt ihr von Lucas Cranach d. Ä. geschaffener Flügelaltar. Im Museum für bergmännische Volkskunst wird neben Klöppelarbeiten, Scherenschnitten und Zeugnissen des Zinngießens ein lückenloser Überblick zur Geschichte der erzgebirgischen Schnitzkunst gegeben (di–so 9–17, fr ab 13 Uhr).

Marktplatz mit Patrizierhäusern

## Annaberg-Buchholz

Durch Zusammenlegung zweier benachbarter Orte (25800 Einw.) 1945 entstanden. Das bedeutendere Annaberg verdankt seine Gründung (1496) dem ›Bergkgeschrey‹ von 1492. Im 16. Jh., als es hier 600 Silbergruben gab, war Annaberg größer als Leipzig. Die von der hier ansässigen Behörde 1509 erarbeitete Bergordnung galt lange in ganz Deutschland. Annabergs berühmteste Persönlichkeit ist der Franke Adam Ries (1492–1559), der hier fast 30 Jahre als Bergschreiber und Leiter einer Rechenschule wirkte. **St. Annen** (1499–1525) mit prächtig ausgemalten Gewölben ist die größte gotische Hallenkirche Sachsens (56 m lang, 80 m hoch). Ihr Prunkstück ist der sog. Bergaltar, auf dessen Rückseite Hans Hesse die Geschichte des Propheten Daniel mit Darstellungen des Bergwerkalltags im frühen 16. Jh. verbunden hat. An Annaberg grenzt westl. **Frohnau**, wo der Frohnauer Hammer (UNESCO-Denkmal) besichtigt werden kann, ein voll funktionstüchtiges Hammerwerk von 1657 (di–so 9–11.45, 13–16 Uhr).

Eingang zum Schacht ›Alte Elisabeth‹

## Freiberg

Die erste freie Bergstadt Deutschlands (49000 Einw.): Das ›Bergkgeschrey‹ über die Silberfunde ertönte schon 1168 und machte das ab 1170 entstehende Freiberg im Mittelalter zur reichsten Stadt Sachsens, wie die bemerkenswert vollständige Bebauung um den **Obermarkt** erahnen läßt. Besonders sehenswert sind der **Dom St. Marien** (12.–16. Jh.; ganzj., jedoch nur Führungen 11, 14, 15, Mai–Okt. zusätzl. 10 und 16 Uhr), das Rathaus (15./16. Jh.) und das 1969 stillgelegte Bergwerk ›Himmelfahrt Fundgrube‹ (ganzj. Führungen mo–fr 9.30; im Sommer zusätzl. sa 8, 11, 14 Uhr).

Festtag in Marienberg

## Marienberg

Auch dieser Ort (10900 Einw.; gegr. 1521) verdankt seine Gründung und zeitweiligen Wohlstand (ca. 550 Silbergruben) dem um 1484 angestimmten ›Bergkgeschrey‹. Der Brand von 1610 zerstörte die auf einem rechtwinkligen Straßennetz errichtete Stadt. Wiederhergestellt wurde u. a. das schöne **Renaissancerathaus** (1539/41) und die **St. Marienkirche** (1558/64). In **Pobershau** östl. Marienberg das Schaubergwerk ›Zum Tiefen Molchner Stolln‹, wo die Geschichte des Zinnbergbaus nachvollzogen werden kann (Führungen tgl. ab 9 Uhr).

## Kurort Seiffen

Im 650 m hoch gelegenen, stark vom Fremdenverkehr geprägten ›Spielzeugdorf‹ (3400 Einw., 1324 urkundlich genannt) entstehen seit etwa 300 Jahren erzgebirgische Drechsel- und Schnitzerzeugnisse in Handarbeit. Diese Entwicklung zeigt das Spielzeugmuseum (ganzj. 9–17 Uhr).

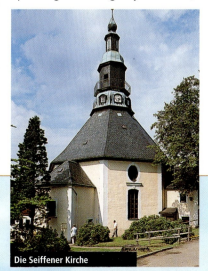

Die Seiffener Kirche

Sachsen

Sachsen

Sachsen

Sachsen

Sachsen

Sachsen

Sachsen

Sachsen

Sachsen

# HEUTE & DAMALS

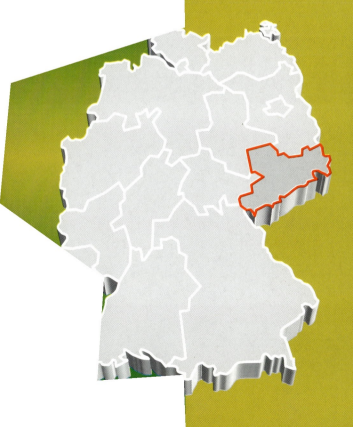

Bilder eines Landes →

Bilder aus alten Zeiten →

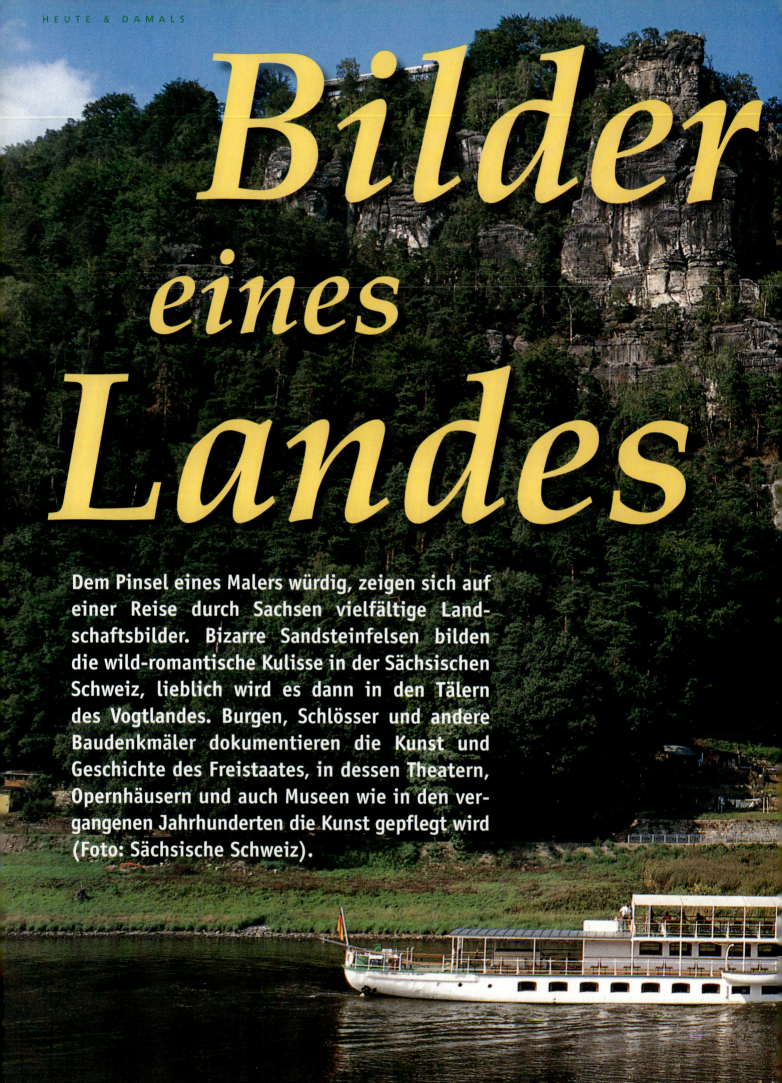

# Bilder eines Landes

Dem Pinsel eines Malers würdig, zeigen sich auf einer Reise durch Sachsen vielfältige Landschaftsbilder. Bizarre Sandsteinfelsen bilden die wild-romantische Kulisse in der Sächsischen Schweiz, lieblich wird es dann in den Tälern des Vogtlandes. Burgen, Schlösser und andere Baudenkmäler dokumentieren die Kunst und Geschichte des Freistaates, in dessen Theatern, Opernhäusern und auch Museen wie in den vergangenen Jahrhunderten die Kunst gepflegt wird (Foto: Sächsische Schweiz).

Unweit von Dresden, direkt an der Elbe gelegen, führt eine große Freitreppe zum Wasserpalais von Schloß Pillnitz.

Einst mußten die
vielen kleine Bäche
sorgen, daß sich
Wasserräder drehten.
Heute ist die Natur
häufig wieder
ungestört.

79

Die Semperoper in
Dresden beeindruckt
nicht nur durch
architektonische Reize,
sondern vor allem
durch musikalische
Genüsse.

Die Festung Königstein ist mit ihrer 2200 Meter langen Mauer und den über 30 Gebäuden schon eine kleine Stadt.

In Schwarzenbergs Eisenbahnmuseum starten Züge zur nostalgischen Rundfahrt durchs Erzgebirge.

Rund um Ober-
wiesenthal und den
Fichtelberg finden
Hobby- und Profi-
Wintersportler
ihr Schneeparadies.

**Einfach märchenhaft ist das Maurische Bad auf Schloß Albrechts-berg, das 1854 von dem Schinkel-Schüler Adolf Lohse errichtet wurde.**

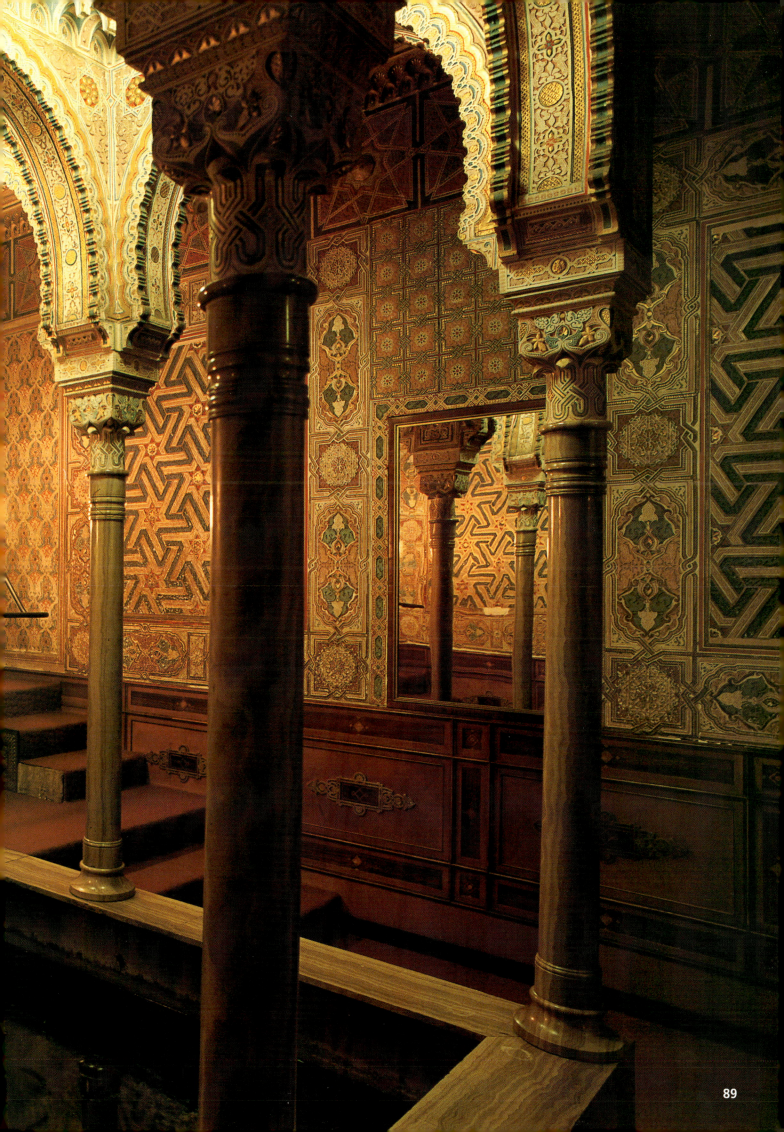

# Bilder
## aus alten
# Zeiten

Eine Reise durch Sachsen ist auch eine Reise durch die Geschichte des Freistaates. Wohl kaum einer hat die architektonische Landschaft Sachsens so stark geprägt wie August der Starke. Mit ihm begann die Zeit der großen Bauprojekte. Sächsischer Barock steht für grandiose Prachtentfaltung und die Blüte der Kunst. Doch auch die Spuren unseres Jahrhunderts, des Zweiten Weltkriegs und der folgenden Jahre, sind nicht zu übersehen.

So präsentiert sich Dresden – Inbild der sächsischen
Residenzstadt – auf alten Fotografien aus der Vogelperspektive mit
Semperoper, Schloß, Hofkirche und Augustusbrücke.

Die Schürze frisch gestärkt,
den Einkaufskorb am Arm, ging man
um 1910 einkaufen.

# Dresden – barockes Meisterwerk

**August der Starke – Kurfürst von Sachsen – drückte der Stadt seinen Stempel auf und machte aus ihr eine wahre Barockschönheit.**

Auf seinen genialen Baumeister Matthäus Daniel Pöppelmann gehen Kunstwerke wie der Zwinger und die Augustusbrücke zurück. Unzählige Male abgebildet, hat der Vedutenmaler Bernardo Bellotto, genannt Canaletto, 1747 die vielleicht schönsten Ansichten des berühmten Elbpanoramas mit dem Schloß, den Kirchen, Palais' und Bürgerhäusern verewigt. Sie sind heute u. a. in der Dresdner Gemäldegalerie zu bewundern. Der Wert dieser historischen Ansichten ist umso größer, als vieles inzwischen unwiederbringlich verloren ist. Im Februar 1945 legten anglo-amerikanische Bomber in nur einer Nacht weite Teile der Stadt in Schutt und Asche. Wohl 35000 Menschen starben, zurück blieb ein riesiger Trümmerhaufen. Dem folgenden Bestreben, eine ›moderne, sozialistische Stadt‹ zu schaffen, fielen weitere Kunstwerke zum Opfer. Seit der Wende wird heftig über den Wiederaufbau Dresdens diskutiert. Der Kampf zwischen Bewahrern und Erneuerern beherrscht die Szene, doch allerorts präsente Baukräne bezeugen, daß man sich schließlich wohl doch geeinigt hat.

Trotz geplanten Wiederaufbaus in dieser Form für immer verloren: Blick vom Rathausturm nach Nordwesten über das Häusermeer Dresdens.

Die Lage am Strom bestimmte von Anfang an das Schicksal Dresdens mit der berühmten historischen Silhouette.

Das Anfertigen von Holzspielzeug sicherte den Familien
im Erzgebirge das Überleben. Auch die Kinder mußten mithelfen.

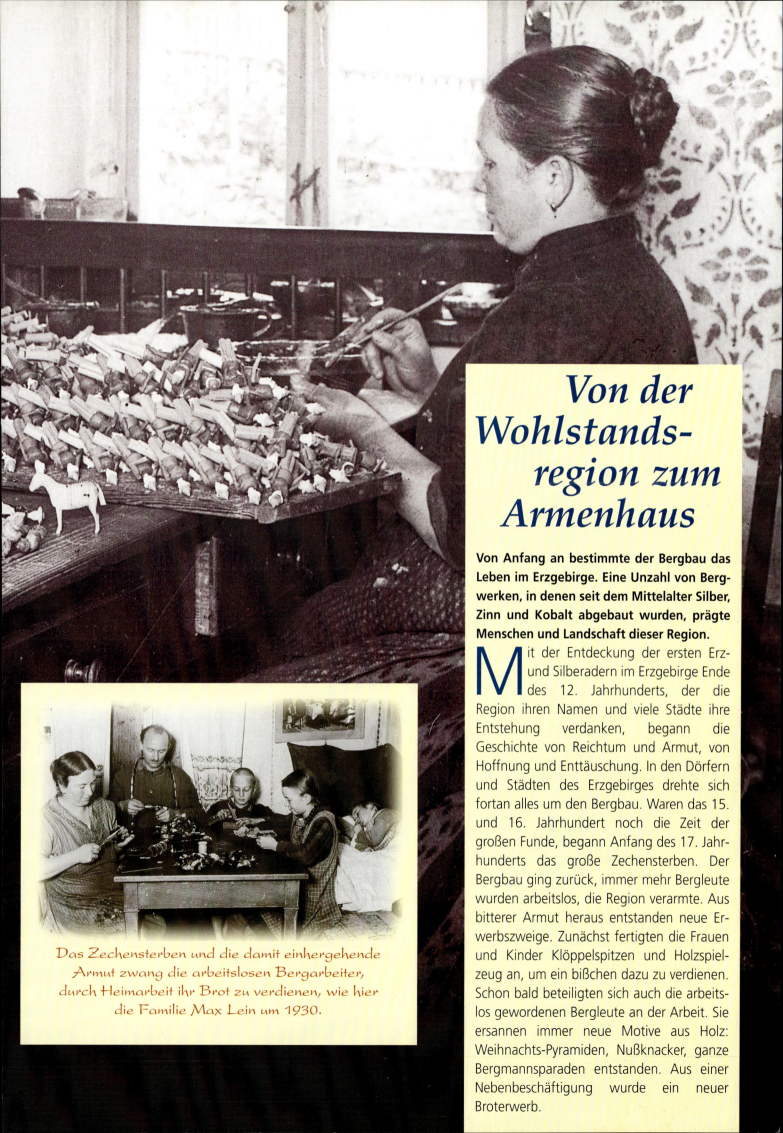

# Von der Wohlstandsregion zum Armenhaus

**Von Anfang an bestimmte der Bergbau das Leben im Erzgebirge. Eine Unzahl von Bergwerken, in denen seit dem Mittelalter Silber, Zinn und Kobalt abgebaut wurden, prägte Menschen und Landschaft dieser Region.**

Mit der Entdeckung der ersten Erz- und Silberadern im Erzgebirge Ende des 12. Jahrhunderts, der die Region ihren Namen und viele Städte ihre Entstehung verdanken, begann die Geschichte von Reichtum und Armut, von Hoffnung und Enttäuschung. In den Dörfern und Städten des Erzgebirges drehte sich fortan alles um den Bergbau. Waren das 15. und 16. Jahrhundert noch die Zeit der großen Funde, begann Anfang des 17. Jahrhunderts das große Zechensterben. Der Bergbau ging zurück, immer mehr Bergleute wurden arbeitslos, die Region verarmte. Aus bitterer Armut heraus entstanden neue Erwerbszweige. Zunächst fertigten die Frauen und Kinder Klöppelspitzen und Holzspielzeug an, um ein bißchen dazu zu verdienen. Schon bald beteiligten sich auch die arbeitslos gewordenen Bergleute an der Arbeit. Sie ersannen immer neue Motive aus Holz: Weihnachts-Pyramiden, Nußknacker, ganze Bergmannsparaden entstanden. Aus einer Nebenbeschäftigung wurde ein neuer Broterwerb.

Das Zechensterben und die damit einhergehende Armut zwang die arbeitslosen Bergarbeiter, durch Heimarbeit ihr Brot zu verdienen, wie hier die Familie Max Lein um 1930.

# Leipzig – alte Handels- metropole

**Die Stadt der Kunst, Kultur und Messen geht auf eine Handwerker- und Kaufmanns- siedlung zurück, die an der Kreuzung zweier wichtiger Handelswege entstand. Und Han- del prägte die Geschicke Leipzigs bis heute.**

Jahrhundertelang Deutschlands Messe- metropole Nummer eins, hat es Leipzig immer wieder verstanden, sich schnell und effektiv den veränderten Bedürfnissen und Voraussetzungen der Wirtschaft anzu- passen. So vollzog Leipzig Ende des 19. Jahr- hunderts als erste Messestadt den Wandel von der Verkaufs- zur Mustermesse. Fortan wurden nicht mehr Einzelstücke verkauft, sondern Warenmuster präsentiert. Nun zogen die Handelsvertreter mit ihren Muster- koffern direkt zu den Endabnehmern. Auch als Verlagsmetropole kann Leipzig stolz auf eine lange und erfolgreiche Geschichte zurückschauen. 1481 verlegte der Wander- drucker Marcus Brandis das erste Buch in Leipzig. Im 19. Jahrhundert gab es hier ein ganzes Graphisches Viertel, in dem so renommierte Verlage wie Reclam und Brock- haus produzierten. Erst später übernahm Berlin Leipzigs Rolle als Verlagsmetropole. Und heute? – In den kommenden Jahren muß Leipzig zeigen, ob es mit seiner Buch- messe an diese Tradition anknüpfen und sich gegen Frankfurt behaupten kann.

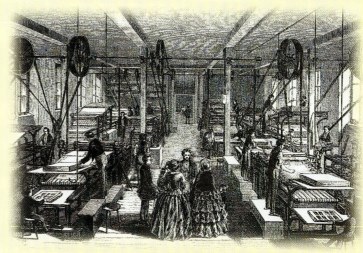

*Modernste Technik in der Verlagsmetropole Leipzig: der Maschinensaal der Brockhausschen Offizin in den 60er Jahren des 19. Jahrhunderts auf einer zeitgenössischen Darstellung.*

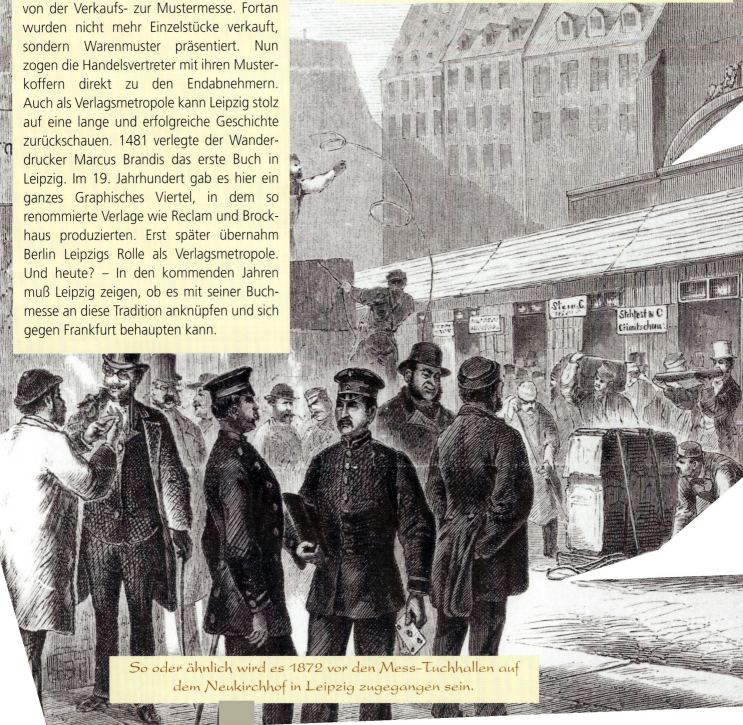

*So oder ähnlich wird es 1872 vor den Mess-Tuchhallen auf dem Neukirchhof in Leipzig zugegangen sein.*

Schon um 1912 war die Leipziger Messe ein wirtschaftliches
wie gesellschaftliches Großereignis – das Treiben auf der Petersstraße
zeigt es. Da es noch kein eigenes Ausstellungsgelände gab,
wurde fast die ganze Stadt zur Messe.

Sachsen

Sachsen

Sachsen

Sachsen

Sachsen

Sachsen

Sachsen

Sachsen

Sachsen

Sachsen

Sachsen

# ERLEBEN & GENIESSEN

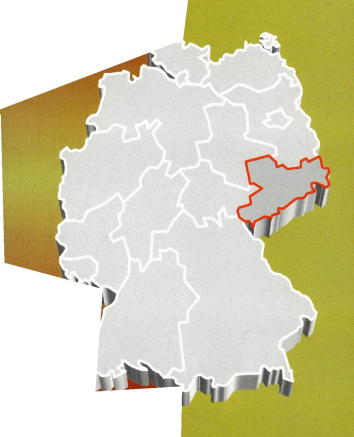

**Kultur & Unterhaltung**

**Sport & Spiel**

**Essen & Trinken**

# Kultur hat viele Gesichter

Die Sachsen wissen zu feiern! Seit der Wende sind viele Bräuche wieder aufgeblüht. Man besinnt sich der eigenen Geschichte und feiert sie während des Sachsenfestivals mit historischen Umzügen. Kultur hat viele Gesichter. Und so hat der Musikfreund in Dresden die Wahl zwischen beschwingten Dixielandklängen und klassischer Musik. Im Kabarett sitzen dann alle wieder vereint und amüsieren sich über hintersinnige Sketche und Lieder (Foto: Musikgenuß vor dem Wallpavillon im Dresdner Zwinger).

In den herrlichen Gärten
und Palais' von Schloß
Pillnitz wird alljährlich in
historischen Kostümen
das Elbhangfest gefeiert.

# Der Tag
# der Sachsen

**Die Sachsen lieben ihre Geschichte. Und sie
feiern sie, wann immer sich eine Gelegenheit
bietet. Eine der populärsten Gestalten aus
Sachsens Historie ist August der Starke.**

Unter den Schirmen einer Freiluftgaststätte in der Freiberger Innenstadt geht es
lebhaft zu. Es wird kräftig diskutiert, politisiert und getrunken. Ein älterer Herr erzählt
von August dem Starken wie von einem nahen
Verwandten. ›Verbannen hätte er die Cosel
nich müssen. Allerdings hat die sich werglich zu
sehr in die Polidig eingemischt‹, sagt er, und
knallt dazu das noch halb mit Radeberger Pils-

ner gefüllte Bierglas bekräftigend auf die Tischplatte. Als ihn das aus Bayern zugereiste Ehepaar, das ihm gegenübersitzt, fragend ansieht,
schüttelt er nur den Kopf: ›Sachen se bloß, se
genn'n de Gosel nich?‹ Fassungslos über die so
offenkundig gewordene Bildungslücke, beginnt der Freiberger Frührentner nun mit einer
kurzen Nachhilfestunde in Sachen sächsischer
Geschichte.

## August und ›die Cosel‹

So erzählt er von der schönen Anna Konstanze
Holm, der aus Holstein stammende Mätresse
des sächsischen Kurfürsten, die weit besser bekannt ist als Gräfin Cosel. Nachdem August der
Starke ihrer überdrüssig geworden war, ließ er
die selbstbewußte Frau 1716 als Staatsgefangene auf die Burg Stolpen bringen, wo sie
bis zu ihrem Tod 1765 in einem Turm lebte. Der

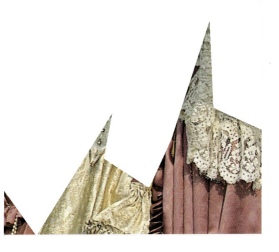

Politiker, der sich würdig in die Reihe der Sachsenherrscher einreiht: Im September 1992 hatte der sächsische Ministerpräsidenten Kurt Biedenkopf seine Festtagsidee zum erstenmal verwirklicht. Trotz regnerischen Wetters trafen sich damals mehr als 200 000 Besucher in Freiberg zum ersten ›Tag der Sachsen‹.

## Sachsenfans

Daß dieses Sachsenfestival keine Eintagsfliege bleiben würde, war eigentlich allen Beteiligten klar. Über die Größe des Erfolgs war man allerdings selbst in der Dresdner Staatskanzlei erstaunt. So ist es dabei geblieben, daß man sich im Freistaat alljährlich Anfang September zum ›Tag der Sachsen‹ trifft – jeweils in einer anderen Stadt. Trachtenvereine, Blaskapellen, Tanz- und Theatergruppen aus den verschiedenen Regionen bestimmen das Bild. Es gibt Bratwurst und Bier, Infostände und Diskussionsrunden. Kein Zweifel, das während der DDR-Jahre dahinkränkelnde Vereinsleben ist seit der Wende mächtig aufgeblüht. Hier ist man wieder gern Sachse, und so geben sich selbst die angereisten Bundespolitiker als Sachsenfans. Selbstverständlich läßt es sich der Ministerpräsident nicht nehmen, höchst selbst zu erscheinen. Da kann es schon passieren, daß Biedenkopf seinem berühmten Vorgänger begegnet. Doch an Popularität kann er es mit August aufnehmen.

›Coselturm‹ ist mit ihren Gemächern nicht nur ein beliebtes Ausflugsziel, sondern längst auch ein zentrales Heiligtum des Sachsenkults.
›Da gomm'n se ja‹, sagt der Rentner, und zeigt auf ein historisch gewandetes Paar, das für die Fotografen posiert. Kein Zweifel, der Mann unter der weißen Allongeperücke ist August der Starke höchst persönlich, und bei der Dame an seinem Arm handelt es sich um keine andere als die Cosel. Die Sachsen wollen es nämlich einfach nicht hinnehmen, daß August sie 1716 nach Stolpen verbannt hat. Wo immer der populäre König auch postum auftritt, die einzige Mätresse, die das Sachsenvolk an seinem Arm sehen will, ist die Gräfin Cosel.
Die Sachsen lieben ihre Geschichte, und sie feiern sie, wann immer sich eine Gelegenheit dazu bietet. Daß sie einmal im Jahr eine Mega-Party feiern können, verdanken sie jenem

**Auf den historischen Marktplätzen der Silberstädte Sachsens mit ihren alten Häusern läßt es sich besonders gut feiern.**

# Dresdner Jazz- und Klassikfeste

**Daß die Sachsen Jazz im Blut haben, beweisen sie alljährlich auf dem Dresdner Dixielandfestival. Ganz klassisch geht es dagegen auf den Dresdner Musikfestspielen zu.**

Beschreiben kann man das, was sich Jahr für Jahr Anfang Mai in Dresden ereignet, eigentlich nicht, man muß es erleben. Kein anderes europäisches Jazzereignis hat einen so ausgeprägten Volksfestcharakter wie das Dresdner Dixielandfestival, das schon seit 1971 in schöner Regelmäßigkeit veranstaltet wird. Jazz kommt zwar unbestreitbar aus Amerika und war damit für die SED verdächtig, doch Anfang der 70er Jahre hatten die Kulturfunktionäre ihren Kampf gegen diese Musik endgültig verloren. Schon damals galt Dresden als Ostdeutschlands unumstrittene Kapitale des Traditional Jazz. Das Dixielandfestival war dann allerdings doch etwas, das man der DDR eigentlich kaum zugetraut hätte: Selten ging es bei einem ›offiziellen Ereignis‹ so ausgelassen, unverkrampft und dabei auch noch international zu, wie Anfang Mai in der Elbestadt. Und so mancher Amerikaner wunderte sich, wieviel Jazz die Sachsen im Blut haben konnten.

Karten waren natürlich schwer zu bekommen. Und – nachdem das Festival seine Nachwendekrise glücklich überstanden hat – sind die meisten Veranstaltungen trotz deutlich gestiegener Eintrittspreise auch heute wieder ausverkauft. Musiziert wird in Studenten- und Jazzklubs, im Kulturpalast und anderen Sälen,

Ein besonderes Sommervergnügen mit herrlichem Blick: Der Jazzdampfer auf der Elbe in Richtung Pillnitz.

in Kirchen und auf Freilichtbühnen und sogar auf den historischen Steamern, die auf der Elbe verkehren. Die Hauptattraktion ist heute wie früher gratis: Wenn sich alle beteiligten Bands auf Pferdewagen und Oldtimern zu Europas größter Dixielandparade formieren und musizierend durch die Innenstadt ziehen, dann jubeln ihnen Zehntausende Fans begeistert zu.

## Gewachsene Musikkultur

Doch kaum ist die letzte Jam-Session verklungen, rüstet sich die Stadt schon zum nächsten Ereignis, das sehr viel seriöser, dabei aber nicht minder populär ist. In der zweiten Maihälfte finden die Dresdner Musikfestspiele statt. Auch sie sind eine DDR-Erfindung. 1978 wurde das Festival erstmalig organisiert – eine Prestigeveranstaltung, für die die Gelder in Ostberlin angewiesen wurden. Nach der Wende sah es zeitweilig so aus, als habe das Festival kaum

noch eine Zukunft. Doch Dresdens in Jahrhunderten gewachsene Musikkultur erwies sich als starkes Argument, und da auch das Publikum bei der Stange blieb, konnte das Festival gerettet werden. Allerdings sind die Mittel, die sich Stadt, Land und Bund abringen lassen, äußerst knapp bemessen und so müssen Sponsoren gefunden und umworben werden.

## Das Konzept geht auf

1994 kam der Kölner Opernintendant Michael Hampe als künstlerischer Leiter an die Elbe. Als ehemaliges Salzburger Kuratoriumsmitglied brachte er viel Festspielerfahrung mit. Seine Programmschwerpunkte haben gezeigt, daß sich der genius loci mit Erfolg in die Waagschale werfen ließ: Schließlich will, wer nach Dresden kommt, auch etwas von der besonderen Musikkultur der einstigen Residenz mitbekommen: Mit der Sächsischen Staatskapelle, der Philharmonie, dem Kreuzchor und den Solisten der berühmten Semperoper hat die Stadt viel zu bieten. Ungefähr 80 000 Besucher kommen Jahr für Jahr, was den Veranstaltern eine Platzauslastung von mehr als 90 Prozent beschert.

**An den Abenden treffen sich die Dixieland-Fans in den traditionsreichen Dresdner Jazzclubs.**

PÄDA-GOGI-KERIN

RATIO-NALI-SATI-KERIN

LEIPZIG

# Die Leipziger Kabarett-szene

**Schon in den 20er Jahren eine Kabarett-Hochburg, gelang es den Leipziger Kabarettisten, mit ihren hintersinnigen Sketchen und Liedern die Zensur des SED-Regimes zu passieren.**

Kurz vor der Wende im Academixerkeller: In ihrem Soloprogramm spielten Bernd-Lutz Lange und Gunter Böhnke eine Szene, in der sie davon ausgingen, daß das 1945 von den Amerikanern befreite Leipzig Teil des Westens geblieben wäre. Wie sähe Leipzig aus, wenn es zum Westen gehören würde? Diese Hypothese spielten die beiden Kabarettisten

damals mit Witz und Komik so unerhört glaubwürdig vor, daß es manchem SED-Genossen im Publikum kalt den Rücken herunter gelaufen sein dürfte, während sich die meisten Zuschauer vor Vergnügen auf die Schenkel klopften. Doch keiner – weder auf der Bühne noch im Publikum – ahnte damals, daß die so aberwitzige Beschwörung von Leipzig als ›West-Stadt‹ schon bald Realität sein würde.

Bereits wenige Tage nach der großen Demonstration vom 9. Oktober 1989 wurde neben den Kirchen auch der Academixerkeller zu einer Bühne der Wende. Hier fand die erste ›Dialogveranstaltung‹ statt, bei der die SED-Funktionäre am Anfang noch meinten, sie könnten die Spielregeln festlegen, bald aber feststellen mußten, daß sie mit dem Rücken zur Wand standen. Dabei hatten sie es mit den Leipziger Kabarettisten schon früher nicht leicht gehabt. Gewiß, jedes Programm mußte die Zensur

**Oben: Modernes trifft auf Altes – Freegehaus in der Katharinenstraße. Unten: ›Zum Coffe Baum‹ in der Fleischergasse ist Deutschlands ältestes bestehendes Café.**

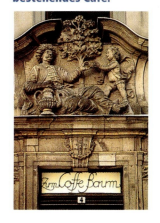

passieren, doch oft gelang es den Funktionären nicht, den Hintersinn der Sketche und Lieder zu erfassen. Ganz im Gegensatz zum Publikum, das stets in großer Zahl kam.

## Kabarett-Tradition

Als einzige ostdeutsche Stadt hatte Leipzig nicht nur ein, sondern sogar zwei Profi-Kabaretts, neben den 1966 als Studentenbühne gegründeten Academixern, war das die mehr als zwei Jahrzehnte ältere ›Pfeffermühle‹. Gespielt wird im Keller des barocken Bosehauses direkt neben der Thomaskirche.

Schon in den 20er Jahren war Leipzig eine Kabarett-Hochburg gewesen. Unter Ulbricht und Honecker mußten sich Leipzigs Kabarettisten immer wieder auf eine Gratwanderung begeben: Wohl wissend, daß die SED sie als ›Ventil‹ instrumentalisieren wollte, wollten sie aber den Erwartungen des Publikums gerecht

werden. Oft war gerade die augenzwinkernde Schlitzohrigkeit, die sich nicht nachweisen ließ, jener gemeinsame Nenner zwischen Bühne und Zuschauerraum, der die Zensoren am Ende als dumme Jungs dastehen ließ. Trotz aller Schwierigkeiten war Kabarett damals doch einfacher, denn in einer Diktatur reagiert das Publikum wacher und auch dankbarer selbst auf ein Quentchen intelligent verpackte Kritik als in einer Gesellschaft, in der alles gedacht und öffentlich gesagt werden darf. Nach der Wende sah es daher zeitweise um die ›Academixer‹ und die ›Pfeffermühle‹ gar nicht gut aus. Doch das Publikum blieb den beiden Kabaretts treu, die sich inzwischen auch in den alten Bundesländern einen Namen erspielt haben. Und in Leipzig sind sie auch nicht mehr die einzigen: Es gibt die recht erfolgreiche ›Funzel‹ und weitere Neugründungen, die den Ruf Leipzigs als Kabarett-Hochburg weiter festigen.

# Sorbische Fest- bräuche

**Wenn die Kinder Vogelhochzeit feiern, beginnt das Festjahr der sorbischen Minderheit. Wichtigstes Ereignis ist Ostern. Heidnische Bräuche verbinden sich hier mit christlicher Tradition.**

Kaum ist die Weihnachtszeit vorüber, freuen sich die sorbischen Kinder schon auf ein neues Fest: am 25. Januar wird Vogelhochzeit gefeiert. Der Brauch ist alt und über seine Ursprünge haben Ethnologen unterschiedliche Ansichten. Den Kindern ist das gleich, für sie ist es eine Gaudi: Sie werden nämlich als Braut und Bräutigam verkleidet – ganz wie die Großen. Manche putzen sich auch als Vögel heraus, denn um die geht es ja: Auf die Fensterbretter werden für Sperlinge, Amseln und Elstern Teller mit Nüssen gestellt. Aber auch die Kinder selbst bekommen Naschwerk und Leckereien: als Dank dafür, daß sie sich im kalten Winter um die Tiere gekümmert haben.

Die Sorben leben in der Ober- und Niederlausitz, die sich von Sachsen bis in das benachbarte Bundesland Brandenburg erstreckt. Sie sind heute nur noch eine kleine nationale Minderheit. Der alte slawische Volksstamm hat eine eigene Sprache, eine lange Geschichte und eine reiche Kultur. Dazu zählen Überlieferungen,

wie der Sagenkreis um den Helden Krabat, ebenso wie volkstümliche Bräuche. In der NS-Zeit wurden die überwiegend katholischen Sorben unterdrückt und diskriminiert, 40 DDR-Jahre räumten ihnen zwar Minderheitenrechte ein, die freilich nicht viel mit Selbstbestimmung zu tun hatten. Gern sahen SED-Funktionäre den Sorben in ihren farbenprächtigen Trachten beim Volkstanz zu, doch vor allem die jüngere Generation hatte immer weniger Lust auf die Rolle als folkloristisches Aushängeschild, als bunter Tupfer im Einheitsgrau der DDR. Kein Wunder, daß der Assimilierungsdruck immer stärker wurde.

Heute gibt es noch 161 sorbisch-deutsche Gemeinden. In sechs Grundschulen und zwei Oberschulen ist Sorbisch für ungefähr 4000 Kinder Unterrichtssprache. Darüber hinaus wird an 64 Schulen Sorbisch als Fremdsprache gelehrt. Es gibt eine sorbische Zeitung, Rundfunksendungen und in Bautzen das Deutsch-Sorbische Theater. Sorbisch gesprochen und gesungen wird vor allem in den Kirchen und auf den traditionellen Volksfesten.

Das wichtigste Fest ist Ostern. Hier verbinden sich noch alte heidnische Bräuche mit der für die Diaspora-Katholiken so prägenden christlichen Tradition: Schon Wochen vorher werden Ostereier bemalt. Es sind farbenprächtige Kunstwerke, die in besonderer Technik mit phantasievollen Mustern versehen werden. Sorbische Ostereier sind weit über die Lausitz hinaus bekannt und begehrt.

Während sich vor allem Frauen in der Kunst des Eiermalens üben, putzen die Männer in der Karwoche die Messing- und Silberteile ihrer Sättel. Das Zaumzeug wird gesäubert, die Pferde werden gestriegelt, ihre Mähnen sogar onduliert. Am Ostermorgen ist es dann soweit: Die Männer ziehen sich schwarze Gehröcke an, setzen ihre Zylinder auf und besteigen die geschmückten Pferde. Wer kein eigenes besitzt, und das betrifft die meisten Reiter, hat sich rechtzeitig eins geliehen, denn der Osterritt ist für viele das wichtigste Ereignis des Jahres.

Insgesamt sind es fast 1000 Reiter, die sich am Ostersonntag in den katholischen Regionen der Lausitz am sogenannten Flurumritt beteiligen. Es ist ein prächtiges Bild, die Reiter mit ihren Kreuzesfahnen zu sehen, ein Bild, das aus einer ganz anderen Zeit zu stammen scheint. Die Männer reiten von Dorf zu Dorf und verkünden die Auferstehung Christi.

**Lebendiges Brauchtum: Fronleichnamsprozession im sorbisch-katholischen Dorf Nebelschütz bei Kamenz.**

Jedes ein kleines
Kunstwerk:
sorbische Ostereier

109

Das ehemalige Kurfürstentum und Königreich Sachsen zählt traditionell zu den großen deutschen Kunstlandschaften. Bis heute ist die Fülle herausragender Bauwerke und Museen bemerkenswert. Diese Auswahl wird ergänzt die Angaben in den Ortsbeschreibungen.

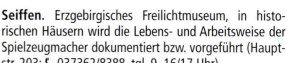
Verkehrsmuseum im Johanneum

## Museen

**Dresden.** Die in Einzelmuseen gezeigten **Staatlichen Kunstsammlungen** Dresden haben ihren Ursprung im 16. Jh. Zu sehen sind im Zwinger (alle Museen ☎ 0351/4914619): **Gemäldegalerie Alte Meister** (di–so 10–18 Uhr), **Rüstkammer** (Semperbau, di–so 10–18 Uhr), **Porzellansammlung** (fr–mi 10–18 Uhr); im Albertinum (☎ 0351/4914619): **Gemäldegalerie Neue Meister, Grünes Gewölbe** (Schatzkammer sächsischer Kurfürsten und Könige), **Skulpturensammlung, Münzkabinett** (alle Museen fr–mi 10–18 Uhr). **Kupferstichkabinett** (Güntzstr. 34, ☎ 0351/4593813, mo–fr 9–16, di, do bis 18 Uhr) und **Museum für Sächsische Volkskunst** (Jägerhof, Köpckestr. 1, ☎ wie Zwinger, di–so 10–18 Uhr).
**Deutsches Hygiene-Museum,** vom ›Odol‹-Erfinder Karl August Lingner 1911 gegr. Ausstellung zu Gesundheitspflege, Heilkunde, Medizintechnik ›Gläserner Mensch‹ (Lingnerplatz 1; ☎ 0351/48460, di–fr ab 9, sa/so ab 10 Uhr).
**Verkehrsmuseum** mit Originalen (z.B. Lok ›Muldenthal‹, 1861) und Modelle aus allen Bereichen der Verkehrsgeschichte (Johanneum, Augustusstr. 1; ☎ 0351/4953002, di–so 9–17 Uhr).

**Frauenstein.** Gottfried-Silbermann-Museum, Leben und Werk des berühmten, 1683 im nahen Kleinbobritzsch geborenen Orgelbaumeisters (Am Schloß 3; ☎ 037326/1224, mo–fr ab 9, sa/so ab 10 Uhr).

**Großschönau.** Deutsches Damast- und Frottiermuseum, historisches Handwerk in einem Oberlausitzer Damastfabrikantenhaus; Vorführungen (Schenaustr. 3; ☎ 035841/35469, di–so ab 10 Uhr, im Winterhalbjahr nur jeden 1. u. 3. Sa/So im Monat).

**Leipzig.** Museum der bildenden Künste, ein reicher Bestand an deutscher und europäischer Malerei, Plastik, Graphik des 15.–20. Jh.; Cranach-Sammlung (bis auf weiteres im Handelshof, Grimmaische Str. 1–7; ☎ 0341/216990, di, do–so 10–18, mi 13–21.30 Uhr).

**Morgenröthe-Rautenkranz.** Deutsche Raumfahrtausstellung, die ›Eroberung‹ des Weltraums, dargestellt in Originalexponaten, Satellitenmodellen und -aufnahmen, dazu Wissen aus Ozeano- und Meteorologie (Bahnhofstr. 8, ☎ 037465/2538, di–so 10–17 Uhr).

**Reichenbach.** Neuberin-Museum, das Leben der Theaterreformerin Friedrike Caroline Neuber, ausgebreitet in ihrem Geburtshaus; Theatertechnik des 18. Jh. (Johannisplatz 3; ☎ 03765/21131, di–fr 10–16, so 13–16).

Adam-Ries-Museum

**Seiffen.** Erzgebirgisches Freilichtmuseum, in historischen Häusern wird die Lebens- und Arbeitsweise der Spielzeugmacher dokumentiert bzw. vorgeführt (Hauptstr. 203; ☎ 037362/8388, tgl. 9–16/17 Uhr).

### UND AUSSERDEM ...
**Adam-Ries-Museum,** Annaberg-Buchholz (☎ 03733/22186, di–so 10–17 Uhr),
**Museum der Westlausitz,** Kamenz (☎ 03578/5548, di–so ab 10 Uhr),
**(Stasi-)Museum in der Runden Ecke,** Leipzig (☎ 0341/9612343, mi–so 14–18 Uhr),
**Traditionsstätte Uranerzabbau,** Schlema (☎ 03771/290212, mo–fr 9–18, sa 9.30–16.30 Uhr),
**Museum Alte Pfefferküchlerei,** Weißenberg (☎ 035876/5429, di–so).

## Kirchen

### St. Annenkirche, Annaberg-Buchholz
Bedeutendste und größte spätgotische Hallenkirche Sachsens (1499–1525). Einzigartiger Raumeindruck durch prächtige Schlingrippen- und Schleifensterngewölbe. Bergaltar (1521; Hans Hesse).

### Frauenkirche, Dresden
Bedeutendster Sakralbau des Protestantismus (1726/43; George Bähr). Der 1945 zerstörte Zentralbau wird seit 1994 rekonstruiert.

### Hofkirche, Dresden
Als dreischiffige Basilika (1739/55; Gaetano Chiaveri) errichtet, ist dies die letzte große Kirche im römischen Barock. In der Gruft das Herz von Augusts des Starken. Am Außenbau 78 Heiligenstatuen. Altarbild ›Himmelfahrt Christi‹ (1750/52; Anton Raphael Mengs). Silbermann-Orgel (1750/51).

### St. Marien, Freiberg
Dom; bis 1509 als dreischiffige gotische Hallenkirche erbaut. Aus dem Vorgängerbau das Portal der ›Goldenen Pforte‹. Tulpenkanzel (1510; Hans Witten), romanische Kreuzigungsgruppe, Kurfürstliche Grablege. Silbermann-Orgel (1711/14).

### Thomaskirche, Leipzig
In der ab dem 12./13. Jh. erbauten, heute dreischiffig-gotischen Kirche führte Martin Luther 1539 die Reformation in Leipzig ein. Hochaltar der 1968 gesprengten Universitätskirche. Heimstatt des weltbekannten Thomanerchors.

Leipzig, Thomaskirche

### St. Johannis Ev. und St. Donati, Meißen
Frühgotischer Dom, 1240 bis 1410 erbaut. Türme 1903/08 (nach Zerstörung der Doppelturmfront durch Blitzschlag, 1413). Figuren des Naum-

Dresden, Hofkirche

# Sehens- *und* besuchens*wert*

## Schlösser

### Augustusburg
Vierflügeliges Jagd- und Lustschloß in Stil der Renaissance (1568/72; um 1800). Ursprünglich symbolisierten 12 Portale, 52 Schornsteine und 365 Fenster die Einteilung eines Jahres. Schloßkapelle (1568/72), Brunnenhaus. Museen.

### Residenzschloß, Dresden
Ende des 15. Jh. als Vierflügelanlage anstelle einer Burg erbaut, gehört die Dresdner Residenz zu den größten Renaissanceschlössern Europas. Gegenwärtige Restaurierung zu Museumszwecken; zugänglich sind Stallhof, Georgenbau, Hausmannturm.

Zwinger, Nymphenbad

### Zwinger, Dresden
Dieser ›Festsaal im Freien‹ entstand 1711/28 nach Plänen Matthäus Daniel Pöppelmanns für August den Starken. Pavillons, Galerien und Kronentor mit Plastiken Balthasar Permosers. An der Nordseite der Galeriebau (1847/54) Gottfried Sempers.

### Schloß Pillnitz, Dresden
Lustschloß an der Elbe im orientalischen Stil (1720/24, spätere Erweiterungen; Matthäus Daniel Pöppelmann). Park.

### Albrechtsburg, Meißen
Bedeutendster deutscher Profanbau der Spätgotik (1471– um 1525) auf dem Burgberg, der als Keimzelle Sachsens (erste Befestigung 929) gilt. Prächtige Hoffassade mit dem Treppenaufgang Großer Wendelstein. Museen.

### Schloß Moritzburg
Markante Vierflügelanlage in Insellage, anstelle eines kleineren Vorgängers erbautes Jagdschloß (1723/36, M.D. Pöppelmann, Z. Longuelune u.a.). Terrassenanlage, Fasanerieschlößchen (1769/82).

### UND AUSSERDEM...
**Burg Kriebstein** (14. Jh.; Museum),
**Burg Mylau** (12./14. Jh.; Museum),
**Schloß Rammenau** (1721/35; Landschaftspark, Museum),
**Schloß Stein,** Hartenstein (ab 14. Jh.; Museum),
**Burg Tharandt** (seit 16. Jh. Ruine).

burger Meisters (um 1260). Triptychon von Lucas Cranach d. Ä.

### Kloster Marienthal, Ostritz
Großes, noch genutztes Kloster (1234 gegr.) der Zisterziensernonnen an der Neiße. Neubau der Anlage nach 1650 in böhmischem Barock.

### Kloster Marienstern, Panschwitz-Kuckau
Zisterzienserinnenklosteranlage (1248 gegr., seither vom Orden genutzt) mit mittelalterlicher und barocker Bausubstanz.

### Stiftskirche, Wechselburg
Hervorragender romanischer Sakralbau, geweiht 1168. Berühmt ist der prächtige Lettner (um 1230), der Chor und Langhaus trennt. Plastiken 1230/35.

### UND AUSSERDEM ...
**Kloster Altzella**, Nossen (Ruine seit 16. Jh.),
**Dorfkirche**, Cunewalde (1780/93; 3000 Plätze),
**Dreifaltigkeitskirche**, Schmiedeberg (1713/16),
**Pfarrkirche**, Strehla (15./16. Jh.),
**Dorfkirche**, Zodel (um 1300; Fresken).

Albrechtsburg, Große Hofstube

## Sächsische Staatskapelle

Die Staatskapelle, eines der weltweit renommiertesten und zugleich das älteste deutsche Orchester, blickt auf eine 450jährige Geschichte zurück. 1548 stiftete Kurfürst Moritz die Hofkantorei, bereits 1555 werden Instrumentalisten bezeugt. Bedeutende Musiker und Komponisten wie Antonio Scandelli, Michael Praetorius, Heinrich Schütz, Johann Adolph Hasse, Jan Dismas Zelenka, Carl Maria von Weber, Richard Strauss, Richard Wagner, Fritz Busch und Karl Böhm waren an diesem Orchester tätig, das seit 1664 auch regelmäßig als Opernorchester eingesetzt wird. Beethoven notierte: ›Man hört allgemein, daß die

Wallpavillon des Dresdner Zwingers

Hofkapelle in Dresden die beste in Europa sey.‹ Wagner sah in ihr eine ›Wunderharfe‹. Chefdirigent des hochklassigen Ensembles ist Giuseppe Sinopoli, dessen Vertrag 1997 um weitere fünf Jahre verlängert wurde.

## Dresdner Philharmonie

Der jahrhundertelang höfisch geprägten Staatskapelle steht die bürgerliche Dresdner Philharmonie gegenüber. Mit der Eröffnung des Gewerbehaussaales 1870 wurde dieses ebenfalls durch zahlreiche Tourneen international bekannt gewordene Orchester gegründet, das zu Beginn der DDR-Zeit in seiner Existenz bedroht war. Seit 1924 trägt der Klangkörper den Namen Dresdner Philharmonie. Da der Große Saal des Gewerbehauses im Zweiten Weltkrieg zerstört wurde, mußte das Orchester lange Zeit mit Provisorien leben, bis 1969 der (akustisch nicht überzeugende) Kulturpalast bezogen werden konnte. Geleitet wurde die Dresdner Philharmonie von so bedeutenden Dirigenten wie Paul von Kempen, Heinz Bongartz und Kurt Masur. Heute steht der Franzose Michel Plasson an der Spitze des Orchesters, dem auch Juri Termikanow, Chef der Petersburger Philharmonie, und Kurt Masur als Gastdirigenten verbunden sind.

## Kreuzchor

Erste urkundliche Erwähnung dieses legendären Knabenchores (Kruzianer) 1370. Seit Jahrhunderten ist der Chor in der Kreuzkirche zu hören, wo er schon zum ersten evangelischen Gottesdienst am 6. Juli 1539 gesungen hat. Geprägt wurde der Kreuzchor v. a. durch Heinrich Schütz, wie überhaupt die Kirchenmusik des 17. Jh. (u. a. Neander, Praetorius, Schein) besonders gepflegt wird. Internationales Ansehen gewann der Chor durch Rudolf Mauersberger, der ihn 1930–1971 als Kreuzkantor leitete. Wichtigste Aufgabe der Kruzianer ist die liturgische Ausgestaltung der Gottesdienste. Darüber hinaus sind sie zu den Vespern am Samstagabend sowie zu zahlreichen Kirchenkonzerten zu hören. Zum Repertoire gehören u. a. die Bachschen Passionen und dessen Weihnachtsoratorium.

## Dresdner Kapellknaben

Das katholische Gegenstück zum Kreuzchor sind die Kapellknaben, die regelmäßig in der Kathedrale (Hofkirche) singen. Sie gehen auf die 1548 gegründete Hofkantorei zurück.

## Schauspielhaus

Gegenüber dem Zwinger steht das Schauspielhaus, ein großes Gebäude, 1912/13 von den beiden Dresdner Architekten William Lossow und Max Kühne erbaut. Hier ist die Spielstätte des Sächsischen Staatsschauspiels, einer traditionsreichen Sprechbühne, die schon zu DDR-Zeiten immer wieder mit aufsehenerregenden Inszenierungen von sich reden machte.

Treppenvestibül in der Semperoper

## Semperoper

Schon 1667 entstand am Dresdner Taschenberg das erste Opernhaus Sachsens. 1841 wurde am Theaterplatz Gottfried Sempers erstes Hoftheater eingeweiht, an dem ab 1842 der Leipziger Richard Wagner als Kapellmeister arbeitete. Hier fanden die Uraufführungen seiner Werke ›Rienzi‹ (1841), ›Fliegender Holländer‹ (1843) und ›Tannhäuser‹ (1845) statt. Nach einem verheerenden Brand wurde das Gebäude in veränderter Form, erneut nach Entwürfen Sempers, bis 1878 wiederaufgebaut. Unter der Leitung von Ernst von Schuch und Fritz Busch kamen u. a. neun Opern von Richard Strauß zur Uraufführung. Beim Bombenangriff vom 13/14. Februar 1945 ging auch das Opernhaus in Flammen auf. Auf den Tag genau 40 Jahre danach wurde es – ab 1977 detailgetreu restauriert – wieder eingeweiht. Heute ist die weltberühmte Semperoper eines der führenden deutschen Opernhäuser mit konkurrenzlos hoher Platzauslastung.

Dresdner Hofkirche

## Gewandhaus

Am 25. November 1781 hatte die von Johann Adam Hiller gegründete Gewandhauskonzertvereinigung ihren ersten Auftritt. Einen bedeutenden Aufschwung nahm dieses Orchester, als Felix Mendelssohn Bartholdy seine Leitung übernahm. Vor allem ihm – aber auch Komponisten und Dirigenten und Gästen wie Arthur Nikisch, Anton Bruckner, Gustav Mahler, Hans Pfitzner, Wilhelm Furtwängler, Bruno Walter und Franz Konwitschny verdankt das Gewandhausorchester seinen hervorragenden Ruf. Bis 1997 war Kurt Masur Gewandhauskapellmeister. Masur, der einige Jahre zugleich das Leipziger Orchester und die New Yorker Philharmoniker leitete, setzte zur DDR-Zeit den Bau des Neuen Gewandhauses am Augustusplatz durch. Im Großen Saal finden 1900, im Kleinen Saal 500 Konzertbesucher Platz (✆ 0341/1279280).

Leipziger Neues Gewandhaus und Universität

# Musik und Theater

## Sächsische Theaterbühnen

Sachsen besitzt seit dem 19. Jh. eine außerordentlich reiche Theaterlandschaft, die, umfangreich von staatlicher Seite gefördert, auch in DDR-Zeiten weitgehend erhalten blieb. Nach der Wende befanden sich besonders kleinere Bühnen in erheblichen Existenznöten, denen man v.a. durch Zusammenlegungen und Kooperationen zu begegnen suchte. Es bestehen u. a. folgende Bühnen:

Chemnitzer Theater

**Annaberg-Buchholz:** Eduard von Winterstein-Theater
**Bautzen:** Deutsch-Sorbisches Volkstheater (teils in sorbischer Sprache)
**Chemnitz:** Städtisches Theater
**Dresden:** Staatsoperette Theater der Jungen Generation
**Freiberg:** Mittelsächsisches Theater
**Görlitz:** Gerhard-Hauptmann-Theater
**Leipzig:** Schauspielhaus, Musikalische Komödie
**Plauen:** Vogtland-Theater
**Radebeul:** Landesbühnen Sachsen
**Rathen:** Felsenbühne Rathen (im Sommer von den Landesbühnen Sachsen bespielt)
**Zwickau:** Städtisches Theater

Hinzu kommen, v. a. in größeren Städten, eine Reihe Privattheater sowie Off-Bühnen.

## Opernhaus

Die Leipziger Operntradition geht auf das Jahr 1693 zurück. Schon im 18. Jh. fanden regelmäßige Aufführungen statt. Von Anfang an gab es eine Verbindung zum Gewandhausorchester. 1843 übernahm Albert Lortzing, dessen Opern ›Zar und Zimmermann‹ und ›Der Wildschütz‹ hier uraufgeführt wurden, die Leitung des Hauses. Das 1867 am Augustusplatz erbaute Neue Theater wurde 1943 zerstört; der Neubau des Opernhauses entstand 1956/60 in zurückhaltend historisierenden Formen. Nach der Wende wurde der Komponist Udo Zimmermann Intendant der Leipziger Oper, der er mit spektakulären Aufführungen internationale Aufmerksamkeit verschaffte (✆ 0341/34112610).

Opernhaus und Mendebrunnen in Leipzig

Rathens Felsenbühne

## Das Jahr beginnt...

...mit wintersportlichen Groß-
veranstaltungen (Nordische
Kombination, Sprung, Skeleton) im
Erzgebirge und im Vogtland. Auch
Schlittenhunde kommen zum Einsatz.

## Volksfeste

Die **Dampferparade** auf der Elbe bei Dresden
(1. Mai) verursacht wahre Massenaufläufe. Das
Dresdner **Elbhangfest** (Juni) gehört zu den
schönsten Volksfesten Sachsens: Zwischen dem
›Blauen Wunder‹ und dem Pillnitzer Schloß-
park wird unter einem sich auf die sächsische
Geschichte beziehenden Motto gefeiert. Die
**Annaberger Kät** in Annaberg-Buchholz ist
das älteste und größte Volks-
fest des Erzgebirges; seit
1519 wird dieses Ereignis
bezeugt. Daneben zahlreiche
(Alt-) Stadtfeste und Märkte.

Funkengarde im Schnee

## Fasching

Man soll nicht glauben, in Sachsen gäbe es keine Narren. Sie gehen
sogar auf die Straße, z. B. in Wittichenau/Oberlausitz, Meerane und
Oschatz (beide Westsachsen) sowie in Radebeul. Zum Skifasching trifft
man sich in Holzhau, Oberwiesenthal und Erlbach/Vogtland.

## Brauchtum – Bergbau und Handwerk

Eine jahrhundertealte Bergbautradition hat im Erz-
gebirge eine eigene Feier-
kultur entstehen lassen, die von Bergaufzügen
und -paraden, Haldenfesten, Fahnen, Trachten
und einem Heimat und Bergmannsdasein
besingenden Liedgut bestimmt wird. Die
farbenfrohen **Bergparaden** werden u. a. abgehalten in Ehrenfriedersdorf (April), Jöhstadt
(Pfingstmontag), Freiberg (Juni), Annaberg-
Buchholz (Juli) und Chemnitz (Nov.). Was den
Alltag von Generationen bestimmte, ist Ausgangspunkt für eine Reihe von Festen und die
Pflege des Überlieferten. Gelegentlich hat sich
altes Handwerk bis heute behaupten können.
In Plauen etwa ist das Spitzenfest (Juni) keine
rein historische Angelegenheit, ebensowenig
wie das Fest der **Spielwarenmacher** in Seiffen
(Juni). Das **Lengefelder Kalkofenfest** (Juli)
dagegen nutzt die Kulisse von vier Öfen des
19. Jh. für ein buntes Spektakel. Im benachbarten Marienberg wird der **Holzmarkt** abgehalten; in Annaberg-Buchholz der **Klöppeltag**,
in Rammenau steht die **Leinenherstellung** im
Mittelpunkt (alle Sept.).

## Osterbräuche

Zum höchsten kirchlichen Fest, der Auferstehung Christi, gibt es be-
sonders in der Oberlausitz eine Reihe überkommener Osterbräuche.
Vor allem ist es die sorbische Minderheit, die diese Traditionen
pflegt. Zahlreiche Ostereiermärkte (Bautzen, Hoyerswerda, Neuwiese,
Schleife) zeigen Beispiele dekorativer Volkskunst und geben Gelegen-
heit zum Nachmachen.
Alle Bräuche erklärt
eine Sonderbroschüre (s.
Regionalverbände).
Am bekanntesten ist
das Osterreiten, Prozes-
sionen zu Pferde, denen
Tausende zuschauen (u.
a. ab Bautzen, Crostitz,
Nebelschütz, Ostritz,
Radibor, Storcha oder
Wittichenau).

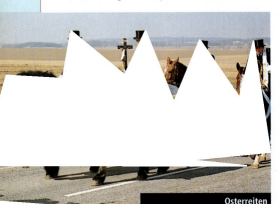
Osterreiten

## Historische Feste

Johanngeorgenstadt feiert mit einer **Großen Bergparade** den Jahrestag seiner Stadtgründung (23.Febr.). Farbenprächtig wird in Schneeberg der **Bergstreittag** (22. Juli) begangen, zur Erinnerung an einen Lohnstreik 1496. Der **Elbe Day** in Torgau (April) erinnert an das ›erste Zusammentreffen‹ US-amerikanischer mit sowjetischen Einheiten 1945. Zum Jahrestag der **Völkerschlacht** bei Leipzig 1813 wird das historische Schlachtfeld von den Uniformen (Okt.) der damals kriegführenden Parteien

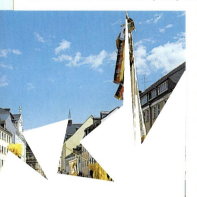

beherrscht. In Kurort Oybin/Zittauer Gebirge dienen die Klosterruinen auf dem Berg Oybin als stimmungsvoller Rahmen für historische **Mönchszüge** (Mai–Sept.). Ohne speziellen Bezug wird zu **Burg- und Schloßfesten** oder **Ritterspielen** geladen, u. a. in Königstein (Mai), Mylau (Juni), Augustusburg (Juli), Glauchau (Juli), Leisnig (Aug.), Stolpen (Aug.), Kriebstein (Sept.) und Meißen (Sept.).

## Legenden auf Rädern

Jeweils am zweiten Januarwochenende treffen sich auf Schloß Augustusburg Motorradfans, oft stolze Besitzer der in Zschopau gefertigten MZ (Motorradwerk Zschopau). Im ehem. Küchentrakt des Schlosses ist das berühmte Motorradmuseum untergebracht. Eingefleischte Trabant-Besitzer kommen (meist im Juni) nach Zwickau, wo der legendäre Zweitakter von 1957 bis zur Wende produziert wurde. Beim ›Trabi‹-Treffen werden Kuriosa gezeigt, Erfahrungen ausgetauscht und Ersatzteile angeboten.

## Karl May

1842 im sächsischen Ernstthal geboren, heute Ortsteil von Hohenstein-Ernstthal, hat Karl May mit Abenteuergeschichten die Welt erobert, am Ende sogar die DDR. Karls Mays Leser wissen, daß der Schriftsteller nicht nur Indianergeschichten schrieb und eine Handvoll seiner Erzählungen in Deutschland angesiedelt ist. Sein Geburtshaus und die ›Villa Shatterhand‹ in Radebeul sind das ganze Jahr über geöffnet; Kenner zieht es – ›wenn ich nicht irre‹ – zu den bes. werkgetreuen Inszenierungen seiner Vorlagen auf der Felsenbühne Rathen. Höhepunkt der Verehrung aber sind die Radebeuler Karl-May-Tage (Pfingsten).

## Ein Jahr lang feiern

## Weihnachtszeit

In vielen sächsischen Städten gibt es **Weihnachtsmärkte**, die meist mit dem sog. Pyramidenanschub am 1. Advent beginnen. Am berühmtesten ist der Dresdner Strietzelmarkt; besonders stimmungsvoll geht es in

den erzgebirgischen Orten Seiffen und Olbernhau zu. In der ›Weihnachtsstadt des Erzgebirges‹ Schneeberg findet jeweils am 2. Advent um eine 8 m hohe Weihnachtspyramide das Lichtlfest statt. **Bergaufzüge- bzw. -paraden** begleiten auch durch die Adventszeit. Die Bergparade in Jöhstadt (25. Dez.) ist die letzte im Jahr.

Pyramidenanschub

## Essen, Trinken, Feiern

Entlang der Sächsische Weinstraße beginnen ab September die **Winzer- und Weinfeste**, u. a. in Diesbar-Seußlitz, Meißen, Pirna, Sörnewitz, Weinböhla. Reizvoll ist es, ein solches Fest in Radebeul mitzuerleben, wo auf Schloß Wackerbarths Ruh und am Weingut Hoflößnitz mit viel Beiprogramm gefeiert wird. Aus dem vogtländischen Wernesgrün stammt die beliebte Biermarke ›Wernesgrüner‹; ein zünftiges **Brauerfest** (Juni) ist daher geradezu Pflicht. Erzgebirgische **Kartoffelkochkunst** wird in Schlettau (Okt.) gezeigt. ›Bodenständiges‹ ist auch beim Apfelfest in Schirgiswalde/Oberlausitz (Okt.) zu erwarten. Für die Fische ist im Herbst die Zeit des Abschieds gekommen, wenn die Teiche geleert werden (Kreba/Oberlausitz; Okt.; Moritzburger Fischzug, Nov.) und **Fischfeste** auf dem Kalender stehen (Oberlausitz: Deutschbaselitz, Königswartha, beide Okt.). Beim **Nikolausfest** (Dez.) in Pulsnitz/Oberlausitz stehen die acht, nach alten Rezepten backenden Pfefferkuchenbäckereien im Mittelpunkt. Kinder bekommen für ein Dankeschön Lebkuchenherzen.

Weinfest auf Schloß Hoflößnitz

# Sachsen
## sportlich
## und naturnah
## erleben!

Im Winter zünftig auf Skiern, im Frühjahr und Sommer zu Fuß oder per Drahtesel lassen sich Sachsens vielfältige Landschaften am besten entdecken und genießen. Die Fremdenverkehrsämter bieten interessante Touren, ausgeschilderte Routen ermöglichen Ausflüge auf eigene Faust. Wer's extrem mag, wird sich an den Felsgipfeln des Elbsandsteingebirges versuchen, die selbst geübten Kletterern Respekt abverlangen (Foto: Blick vom Großen Zschirnstein).

# Wintersport im Erzgebirge

**Oben: Die Bahn von Cranzahl nach Oberwiesenthal stammt aus der Zeit als hier noch Erz abgebaut wurde.
Unten: Winterlandschaft, die verzaubern kann.**

**Am Anfang standen die ›langen Hölzer‹ des Herrn Ohlsen. Das war Ende des 19. Jahrhunderts und so rühmt sich das Erzgebirge einer langen Wintersporttradition. Außerdem ist man stolz darauf, hier mehrere Weltmeister und Olympiasieger hervorgebracht zu haben.**

Zunächst meinten die Leute, ihren Augen nicht trauen zu können, dann amüsierten sie sich köstlich. Es muß in der Tat ein höchst eigenartiger Anblick gewesen sein, als ein Herr namens Ohlsen auf seinen ›Schneeschuhen‹ den Fichtelberg hinabfuhr. Ohlsen war als Ingenieur beim Bau der Erzgebirgsbahn beschäftigt, die 1897 eröffnet wurde. Heute gilt er als der Gründer des Wintersports in Oberwiesenthal, dem wohl beliebtesten Wintersportort des Erzgebirges.

Wie alles begann, und was aus dem Wintersport im Erzgebirge geworden ist, darüber informiert das Ski- und Heimatmuseum Oberwiesenthals – wo auch die Goldmedaillen von Jens Weißflog, dem international sicher bekanntesten Oberwiesenthaler, zu sehen sind.

Im Erzgebirge leben viele Orte in erster Linie vom Wintersport. Außer den traditionellen Wintersportarten wie Abfahrt- und Langlaufski wird die verschneite Landschaft auch für andere sportliche wie vergnügliche Winteraktivitäten genutzt. Hunderte kommen zu den immer populäreren Schlittenhunderennen, Wagemutige rasen die Bobbahnen hinunter, Snowboarder zeigen ihr Können, und im Februar wird Skifasching gefeiert – Clowns im Schnee!

Die Wanderer wählen ein langsameres Tempo und genießen in aller Ruhe den Blick über weite Winterlandschaften. Sie sind – wie vermutlich viele Anhänger des weißen Sports – davon überzeugt, daß das Land erst jetzt seinen ganzen Zauber offenbart.

## ›Sächsisches St. Moritz‹

Am Fuße des 1214 Meter hohen Fichtelbergs, in Oberwiesenthal, wurden 1911 die ersten Deutschen Skimeisterschaften ausgetragen, später folgten zahlreiche internationale Wettkämpfe im Skispringen, der Nordischen Kombination, im Langlauf, Biathlon und Rennrodeln. Heute ist der Ort die Nummer eins unter den

**Übung macht den Meister. Schon die DDR-Sportler trainierten hier in den 60er bis 80er Jahren.**

**Besonders heiter geht es beim Skifasching auf dem Fichtelberg zu.**

sächsischen Wintersportzentren und wird daher auch gern als das ›sächsische St. Moritz‹ bezeichnet. Brettlfans finden hier Skihänge aller Schwierigkeitsstufen, teils mit Sessel- teils mit Schleppliften. Die große Fichtelbergschanze erlaubt Absprunggeschwindigkeiten von mehr als 90 Stundenkilometern – und sei daher den Profis vorbehalten. Zugleich Start- und Zielpunkt der Biathlonanlage ist das Skistadion, das nahe der Auffahrt zum Fichtelgebirge liegt. Auf die Langläufer warten in Oberwiesenthal gut gespurte Loipen, und Familien mit Kindern können hier nach Lust und Laune rodeln.

Im Westerzgebirge bevorzugen die meisten Winterurlauber Johanngeorgenstadt zu Füßen des Auersbergs, das zahlreiche Langlaufloipen, Abfahrtswege und ein Eisstadion bietet. Seine Rennrodlerbahn, die ›Erzgebirgsschanze‹, ist die Nachfolgerin einer 1929 errichteten Großschanze, der ersten Deutschlands. Im Osterzgebirge, einer ebenfalls ziemlich schneesicheren Region, ist Altenberg besonders beliebt. Der Ort rühmt sich, mehrere Weltmeister und Olympiasieger hervorgebracht zu haben. Den Winterurlaubern stehen dort 60 Kilometer gespurte Loipen, zwei Pisten, zwei Rodelhänge und eine Sommerrodelbahn zur Verfügung. Auf der berühmten Bobbahn sind ›Gästefahrten‹ mit Bob und Rennschlitten möglich. Die meisten werden jedoch lieber Zuschauer bleiben.

# Per Pedes und Pedale durch Sachsen

**Die vielfältigen Landschaftsbilder Sachsens mit zahlreichen interessanten Schlössern, Burgen und Kirchen lassen sich am besten zu Fuß oder auf dem Drahtesel erkunden.**

Auch oder gerade beim Wandern kann man etwas lernen und gleichzeitig die Natur intensiv genießen. Und so hat der Regionale Fremdenverkehrsverband des Erzgebirges – einer der schönsten Wandergebiete Sachsens – interessante thematische Wan-

derungen ausgearbeitet. Man hat die Wahl zwischen Wanderungen zum Pflanzensammeln, zur Mineraliensuche sowie geologischen Wanderungen durch die Naturparks. Förster werden so zu fachkundigen Fremdenführern in Sachen Natur.

Wer auf seiner Wanderung Naturerlebnis mit Kulturgenuß verbinden möchte, dem sei die Wanderroute empfohlen, die im Tal der Zschopau verläuft. Der Fluß entspringt am Fichtelberg und mündet bei Döbeln in die Freiberger Mulde. Dazwischen dehnen sich 130 abwechslungsreiche Kilometer eines Wanderweges, der von der Höhe des Erzgebirges in sein liebliches Vorland führt. Auf dem Weg liegen interessante Schlösser, Burgen und alte Kirchen, so daß manche in einem der zahlreichen Hotels oder Landgasthöfen einkehren werden, um die

Eine ganz andere, ebenfalls reizvolle Landschaft erwartet den Wanderer im idyllischen ›Land der Vögte‹ in der südwestlichen Ecke des Landes. Berge, Täler und Seen sind Markenzeichen des Vogtlandes – des sächsischen, denn weitere Teile des Vogtlandes gehören zu Bayern und zu Thüringen –, durch das immerhin bereits rund 50 ausgewählte Wanderrouten führen.

## Per Rad unterwegs

Urlauber, die das Land per Fahrrad erkunden möchten, werden aus naheliegndnen Gründen die sanften Hügel den gebirgigeren Regionen vorziehen. Das zu DDR-Zeiten schlechte Radwegenetz ist in den letzten Jahren erheblich ausgebaut worden, so daß heute alle touristisch interessanten Regionen per Rad erfahren werden können. Wer kein eigenes Gefährt dabei hat, kann selbiges an einer der Leihstellen, die inzwischen v. a. an Bahnhöfen eröffnet worden sind, bekommen.

Besonders empfehlenswert ist eine Fahrt durch das Elbtal auf dem ›Bomätscherpfad‹, der direkt am Fluß verläuft. Als Bomätscher wurden in Sachsen die Elbtreidler bezeichnet. Die Tour beginnt in Bad Schandau, geht weiter über Pirna und Pillnitz mitten durchs Zentrum von Dresden, elbabwärts am Fuße der Lößnitzberge entlang bis nach Meißen. Weniger bekannt, aber ebenso schön ist der Muldental-Radwanderweg. Die Fahrt beginnt in Zwickau, geht weiter über Glauchau, Waldenburg, Wolkenburg, Rochsburg, Wechselburg, Rochlitz, Colditz, Grimma, Wurzen und Eilenburg bis nach Bad Düben. Die vielen Burgen, die der Landschaft einen zusätzlichen Reiz verleihen, machen aus dem Muldental das ›Tal der Burgen‹.

Baudenkmäler am nächsten Tag in Ruhe besichtigen zu können. Geradezu verführerisch ist in diesem Zusammenhang das Angebt des Tourismusverbands ›Sächsisches Burgen- und Heideland‹, der das ganze als zehntägiges ›Wandern ohne Gepäck‹ offeriert.

Ebenfalls gut wandern läßt es sich im Elbsandsteingebirge, dem wohl beliebtesten Wandergebiet Sachsens. Bizarr-wuchtige Sandsteinfelsen, schattige Gründe, tiefe Täler faszinieren hier die Besucher. Ein hervorragend ausgebautes Netz von Wanderwegen führt zu allen Ortschaften, Burgen, Sehenswürdigkeiten und Ausblicken des Nationalpark Sächsische Schweiz. Im Sommerhalbjahr ist hier nicht nur Eigeninitiative gefragt, man kann sich von der Nationalparkwacht zu geführten Wanderungen einladen lassen.

**Die Sächsische Dampfschiffahrt befährt die Elbe wie vor hundert Jahren.**

**Nichts für schwache Nerven: Hoch über der Elbe üben Kletterer am Basteifelsen.**

# Extrembergsteigen in der Sächsischen Schweiz

**Nur geübte Kletterer sollten sich an die Gipfel der Sächsischen Schweiz wagen. Außergewöhnlich strikte Regeln und fast senkrechte Felswände schaffen hier extreme Kletterbedingungen – das Glücksgefühl nach gelungener Kletterpartie ist dafür aber um so größer, die Eindrücke sind einfach überwältigend!**

Manch alpenerfahrener Bergsteiger ist sprachlos, wenn er die Felswände der Sächsischen Schweiz sieht, obwohl deren Höhe theoretisch keineswegs beeindruckend ist. Doch was ist schon Theorie, wenn er vor einer Felswand steht, die knapp 200 Meter fast senkrecht nach oben steigt? Und wenn man dann – wie andernorts üblich – die Handbohrmaschine auspacken will, um Löcher für die Sicherungen in den Fels zu bekommen, wird er behutsam aber bestimmt davon abgehalten, denn die Sächsische Schweiz ist mit ihren mehr als 1000 Gipfeln ein extremes Kletterrevier mit extremen Regeln: Keine Löcher, kein Magnesium, überhaupt keine künstlichen Hilfsmitte. Die Oberfläche darf beim Klettern grundsätzlich nicht verändert werden. Nur bei den Erstbesteigungen durften von den Pionieren des Klettersports einst Ringe in den Fels geschlagen werden. Und das ist schon lange her.

Die Regeln klingen so rigide, als wären sie das Werk besonders eifriger Ökoaktivisten, dabei wurden sie schon vor dem Ersten Weltkrieg

**Oben: Von der Natur geformt – bizarre Felstürme im Bieletal.
Unten: Der einmalige Blick über die Schrammsteine lohnt den anstrengenden Aufstieg.**

festgesetzt. 1913 stellte Rudolf Fehrmann, eine Ikone des sächsischen Bergsteigens, die Klettergrundsätze für die Sächsische Schweiz auf, die bis heute gelten – und der Gebirgsnatur in diesem Jahrhundert sehr zugute gekommen sind. Der poröse Sandstein ist nämlich empfindlich. Wenn hier das Klettern auf übliche Weise erlaubt würde, wären die Schäden schon nach relativ kurzer Zeit katastrophal.

Die sächsischen Bergsteiger sind an die extremen Bedingungen des Elbsandsteingebirges gewöhnt. Oft scheinen die Gipfel – mit ihren lockenden Gipfelbüchern – zum Greifen nah. Manchmal führt ein leicht zu bewältigender Wanderweg dicht am Gipfel einer benachbarten Felsnadel vorüber. Doch dazwischen gähnt die Tiefe. Wer die Tafelberge und die steilen Felsen erklimmen will, muß nicht nur senkrechte Wände, sondern oft auch tückische Felsüberhänge überwinden. Und das erfordert nicht nur Mut, sondern auch ganz besonderes Können.

## Bis zum Extrem

In der Sächsischen Schweiz gelten insgesamt zwölf Schwierigkeitsgrade, von denen die ersten drei auf das Bergwandern entfallen. Grad IV bis VI bezeichnen das klassische Bergsteigen, das sich noch ohne besondere Voraussetzungen bewältigen läßt. Von Grad VII bis VIII ist für den Vorstieg dagegen schon die perfekte Beherrschung der Sicherungstechnik und eine längere Klettererfahrung erforderlich. Und wer nachsteigt, muß zumindest ziemlich fit sein. Bei Grad IX und X sind die Extrembergsteiger schon unter sich, denn hier gelten jahrelange Erfahrung und regelmäßiges Training als unabdingbar. Es geht aber noch weiter mit Grad XI und XII: Das ist der gegenwärtige Grenzbereich. Wer hier mithalten will – und das sind nur wenige Ausnahmekletterer – muß täglich ein spezielles Training absolvieren.

Bergsteigen in der Sächsischen Schweiz ist gewiß nicht ungefährlich, aber die hiesigen Bergsteiger sind dennoch keine Hasardeure. Unfälle sind gerade im Extrembereich selten. Bei den meisten Unglücksopfern handelt es sich um Leichtsinnige, die sich überschätzt haben. Wer einfach losklettern will, weil es doch so leicht aussieht, ist aufs höchste gefährdet. Das klingt zwar entmutigend, doch ganz verzichten müssen auch unerfahrene Touristen, die beim Anblick der imposanten Felsen plötzlich dem Lockruf der Berge verfallen sind, nicht: Für Anfänger gibt es Kletterkurse.

Felsentor im N...

**Das Ferienland Sachsen hat, gesamtdeutsch gesehen, im freizeitsportlichen Bereich noch Nachholbedarf; wie Wintersport- und Kletterurlaub auch fern der Alpen aussehen kann, ist hier aber ausgezeichnet zu erlernen.**

## Angeln

Angesichts jahrzehntelanger Verschmutzung klingt es fast unglaublich: In der Elbe darf (wieder) geangelt werden. Darüber hinaus gibt es in Flüssen, Seen, Teichen und Stauseen zahlreiche weitere Möglichkeiten. Wer diese nutzen will, braucht einen Berechtigungsschein. Auskünfte über die FVV und den Anglerverband Elbflorenz, 01309 Dresden, Käthe-Kollwitz-Ufer 101, ☎ 0351/330181.

## Fallschirmspringen, Flugsport

Kurse für Fallschirmspringer und Tandemsprünge werden in verschiedenen sächsischen Orten angeboten. Gleitschirmfliegen ist u.a. im erzgebirgischen Altenberg und Annaberg-Buchholz möglich, Fallschirmspringen in Chemnitz, Dresden, Eilenburg und Großrückerswalde, Ultraleichtfliegen in Klingenberg und Pretzschendorf. Auskünfte über die FVV und den Luftsportverband Sachsen, 01239 Dresden, Dohnaer Str. 152, ☎ 0351/2754021.

## Golf

Vor der Wende gab es in Sachsen (wie in der gesamten DDR) keinen einzigen Golfplatz. Inzwischen bestehen einige 9- bzw 18-Lochanlagen (bes. um Dresden sowie bei Chemnitz und Schloß Rammenau/Bischofswerda; die dortige Anlage steht auch Nichtclubmitgliedern offen. Weitere Plätze sind im Aufbau bzw. in Planung. Über Spielbedingungen und Platzverhältnisse informiert der Golfsportförderverband Neue Bundesländer, 01067 Dresden, Pieschener Allee 1, ☎ 0351/4942110.

## Klettern

Die Sächsische Schweiz/Elbsandsteingebirge hat über 1100 zum Klettern geeignete freistehende Gipfel, die auf ca. 14000 Wegen unterschiedlicher Schwierigkeitsgrade zu besteigen sind. Am bekanntesten ist der Falkenstein bei Bad Schandau mit über 100 Anstiegsmöglichkeiten, dort auch die bizarren Schrammsteine und Affensteine. Weiter bieten sich für Klettertouren an: die Region um Wehlen und Rathen (mit Bastei), die Pohlenztaler Felsen bei Hohnstein, das Wildensteiner Gebiet, das Bielatal (8 km südl. Königstein) sowie in der südlichen Oberlausitz das Zittauer Gebirge bei Oybin und die Jonsdorfer Felsenstadt. Kletterreviere im Erzgebirge finden sich u. a. im

Die Schrammsteine

Steinicht bei Elsterberg, im Auersberggebiet bei Johanngeorgenstadt, in den Greifensteinen bei Ehrenfriedersdorf (der höchste, 731 m, kann auch über eine Treppe erklommen werden) sowie im Katzensteingebiet nahe Pobershau. Auskünfte, z. B. zu sachgerechter Ausrüstung und Kletterkursen, geben: Sächsischer Bergsteigerbund, 01067 Dresden, Ehrlichstr. 2, ☎ 0351/4941416 und die Sektionen Dresden und Chemnitz des Deutschen Alpenvereins: 01067 Dresden, Ermischstr. 22, ☎ 0351/4960988 bzw. 09111 Chemnitz, Rembrandtstr. 47, ☎ 0371/62623.

## Reitsport

Im Erzgebirge, der Sächsischen Schweiz, der Lausitz und im Vogtland, aber auch in den touristisch weniger erschlossenen Landesteilen gibt es zahlreiche Reiterhöfe (z. B. in Dresden, Görlitz, Kamenz, Langebrück und Moritzburg, Niederoderwitz, Radebeul, Weifa, Weinböhla, Wehlen, Zwickau; meist mit Reitunterricht). Manche Hotels haben mittlerweile eigene Ställe oder besitzen Pensionspferde auf nahegelegenen Höfen. Sonderbroschüren (z.B. für das Erzgebirge ›Freizeit mit Pferden‹) bei den FVV zu erfragen.

Hengstparade in Moritzburg

# *Sport* in
## Sachsen

## Tennis

Auch in der DDR wurde Tennis gespielt, doch diese Sportart galt als elitär und erfuhr daher kaum eine Förderung. Inzwischen gibt es in vielen Orten neugebaute Tennisplätze, die immer häufiger auch zur Ausstattung von Hotels gehören.

Skigebiet Mühlleithen

Drachenbootrennen

## Wassersport

Zum Rudern ist vielerorts Gelegenheit, etwa auf dem Leipziger Auensee, dem Zwingerteich und dem Carolasee in Dresden oder in der Moritzburger Teichlandschaft. Wettkampfmäßig rudert man auf der Elbe (von Loschwitz stromaufwärts), wo auch Kanuregatten und Motorbootrennen veranstaltet werden. An Sommertagen ist der Strom mit zahlreichen Paddel-, Ruder-, Motor- und Segelbooten übersät. Vielfältige Möglichkeiten bieten auch Talsperren und einige Seen und Flüsse. Informationen: Sächsischer Seesportclub Dresden, Tolkewitzer Straße 65/67, 01277 Dresden, ☎ 0351/35129 und Sächsischer Kanusportverein, 09661 Rossau, Hauptstr. 10b, ☎ 03727/3591.

## Wintersport

In Sachsen ein großes Thema. Zumindest die Kammregionen lassen wintersportliche Aktivitäten von Dezember bis März zu. **Oberlausitzer Bergland / Zittauer Gebirge** (Höhenlagen 280–600 m). Abfahrten leicht bis schwer; Schlepplifte in Oybin, Ohorn, Sohland, Waltersdorf, an diesen Orten sowie in Jonsdorf und Walddorf (dort auch Eisbahnen) gibt es auch gespurte Loipen bzw. Gelegenheit zum Skilanglauf; Skiwanderweg Zittauer Gebirge (19 km). Alle genannten Orte haben Rodelhänge; die längste Bahn ist bei Walddorf (1500 m). Freizeit- und Eissportzentrum in Jonsdorf. Skischulen haben Jonsdorf, Walddorf, Waltersdorf, die beiden letzteren unterrichten auch Kinder. **Erzgebirge** (Höhenlagen 600–1100 m). Abfahrten (alle Schwierigkeitsgrade; Sessel- und Schlepplifte) u. a. in Marienberg, Sayda, Seiffen, Zschopau (mit Schanzenanlage, 43 m), und v. a im Wintersportzentrum Oberwiesenthal mit Fichtelberg (Schulen, Nachtpiste, Eisbahn, Eisstockschießen). Loipen gibt es u. a. in Altenberg (Rennschlitten- und Bobbahn), Ehrenfriedersdorf, Frankenberg, Geising, Johanngeorgenstadt (Nachtloipen; Eisbahn), Lauenstein, Lengefeld, Pobershau, Sayda, Schellerhau, Zwönitz. Fast überall kann auch gerodelt werden. **Vogtland** (Höhenlagen 530–940 m). Abfahrten (leicht bis mittelschwer) in Erlbach, Muldenberg, Klingenthal, Schöneck, Schönheide, Stützengrün, Tannenbergsthal, Werda (meist mit Schleppliften). Gespurte Loipen in den genannten Orten (außer Werda) sowie Beerheide, Hammerbrücke, Morgenröthe-Rautenkranz, Schnarrtanne, Zwota. Vogtland und Erzgebirge verbindet die 36 km lange Kammloipe (Schöneck–Johanngeorgenstadt); die Kuhbergloipe bei Schönheide ist 20 km lang. **Eisbahnen** gibt es in Klingenthal, Schöneck und Schönheide; fast überall Rodelhänge. Skischulen bieten Erlbach, Klingenthal und Schöneck (alle auch für Kinder). Detaillierte Auskünfte ggf. Broschüren geben die Fremdenverkehrsvereine (s. Adressen); den Gesamtüberblick haben Skiverband Sachsen, 04105 Leipzig, Friedrich-Ebert-Str. 105, ☎ 0341/9800034 und der Sächsische Rodel- und Bobverband, 01773 Hirschsprung, Alte Dresdner Str. 70, ☎ 035056/32347.

Im Osterzgebirge

# Nicht nur Stollen – Sachsen kulinarisch

›Mit dem Essen und Trinken sieht es hier nicht so gut aus als in Süddeutschland‹ schrieb Ende des 18. Jahrhunderts Johann Kaspar Riesbeck. Bis zur Wende mag man das vernichtende Urteil des weitgereisten Feinschmeckers geteilt haben. Doch was Sachsens Köche inzwischen auf den Tisch zaubern, hätte selbst den kritischen Riesbeck überzeugt. Sachsens Küche präsentiert sich heute ausgesprochen variantenreich und ist eine kulinarische Entdeckungsreise allemal wert (Foto: Dresdner Christstollen).

# Verkannt, vergessen, wiederentdeckt

**Wer ›Leipziger Lerchen‹ bestellt, wartet vergebens auf knusprig gebratenes Federvieh. Hinter dem klangvollen Namen verbirgt sich vielmehr ein süßes Marzipantörtchen. Und was sind Grüne Klöße, Topfsülze und Eierschnecken? Das immerhin vielerorts bekannte Leipziger Allerlei ist auch mehr als einfaches Mischgemüse. Es gilt noch viel zu lernen über Sachsens lang verkannte Küche – also: Auf zur kulinarischen Entdeckungsreise!**

Daß die Sachsen auf allen möglichen Gebieten der Kultur Großes vollbracht haben, kann angesichts der geradezu erdrückenden Beweise niemand ernsthaft bezweifeln wollen. Aber kochen? Da wird sich auf so mancher Stirn ein leichtes Runzeln bilden, wird manch einer spöttisch lächeln. Vor allem bei der Erinnerung an die DDR-Kost durchfährt die empfindsamen Zungen vieler Gourmets gewiß ein kalter Schauer. Damals, als es noch die berüchtigten Einheitsspeisekarten der HO-Gaststätten gab, war die Küche in Sachsen auf ihrem Tiefstand angelangt. Aber dieser bedauernswerte Zustand traf nicht nur auf Sachsen zu, sondern auf die gesamte DDR, denn in jeder Mangelwirtschaft bleibt die Kochkunst stets zuerst auf der Strecke.

Und wie kochte man früher, in der Zeit, bevor die ›Sättigungsbeilage‹ erfunden wurde? Johann Kaspar Riesbeck, ein weit gereister

Oben: Café im ehemaligen Wohnhaus des Malers Kügelgen in Dresden-Neustadt. Unten: Festlich gedeckte Tafel in der Porzellanmanufaktur Meißen.

Mann, der 1783 unter einem Pseudonym seine ›Briefe eines reisenden Franzosen über Deutschland‹ veröffentlichte, lobte in diesem später viel beachteten Buch die Bildung und Kultur der Sachsen über den grünen Klee, fand aber mehr als nur ein Haar in der sächsischen Suppe: ›Mit dem Essen und Trinken sieht es hier nicht so gut aus als in Süddeutschland‹, schrieb er, und bekräftigte dieses Urteil sogar noch recht heftig: ›In diesem Punkt ist der Kontrast zwischen den Sachsen und den übrigen Deutschen, die ich bisher gesehn, so groß, daß man zu den Antipoden der letzteren gekommen zu sein glaubt. Die Brühen sind so dünne, man hat oft kalte und immer so schmale Küche, daß ich glaube, ein Wiener könne es hier in einem mittelmäßigen Haus nicht vier Wochen aushalten.‹

## Nahrhaft und solide

War Riesbeck ein Ignorant, oder hatte er tatsächlich recht? Die Wahrheit dürfte wohl in der Mitte liegen, denn einerseits hat der ›reisende Franzose‹ bei seinem Besuch nur einen kleinen Ausschnitt der sächsischen Küche kennengelernt, zum anderen läßt sich eine gewisse Sparsamkeit und Kargheit nicht leugnen. Sie ist aus historischen und konfessionellen Gründen durchaus zu erklären. Sachsen war im 17., 18. und 19. Jahrhundert immer wieder Schauplatz von Kriegen, was schlimme Not- und Hungerzeiten zur Folge hatte. An eine raffinierte Küche war in einer solchen Situation außerhalb des Hofes, der die französische Lebensart pflegte, kaum zu denken. Und im Mutterland der Reformation schien ohnehin ein gewisses Maß an Zurückhaltung geboten, denn anders als die sinnesfrohen Katholiken Süddeutschlands, waren die sächsischen Protestanten eher nüchtern und auch im Hinblick auf die Küche sparsam. Nahrhaft mußte die Küche sein und solide, man nutzte das Angebot der jeweiligen Jahreszeit und kochte zumeist ohne besonderen Aufwand. Doch mußten die Sachsen deshalb auf Gaumenfreuden verzichten? Keineswegs, schließlich sind unsere historischen Beobachtungen und Erklärungen auch nur die halbe Wahrheit, denn eine einheitliche sächsische Küche gab es ja zu keiner Zeit. Schon immer wurde im Erzgebirge anders gegessen als in der Lausitz und in den großbürgerlichen Handelshäusern von Leipzig anders als am Hof der Wettiner in Dresden. Und wer alte Speisezettel und Kochbücher studiert, wird feststellen, daß die sächsische Küche eine

Speisen in fürstlichem Ambiente: Das Kurfürstenzimmer im ›Italienischen Dörfchen‹, einem Restaurant-Komplex an Dresdens Theaterplatz.

129

ganze Reihe angenehmer Überraschungen bereithält. Denn obwohl man sich in Sachsen oft auf Zutaten beschränkte, die im Wandel der Jahreszeiten ohne besonderen Kostenaufwand zu bekommen waren – zum Beispiel Pilze und Waldbeeren, Kleinvieh, Kartoffeln, Brot und Leinöl – ist die Küche sehr schmackhaft und mitunter erstaunlich variantenreich.

## Regionale Vielfalt

Nach der Wende haben sich viele Köche darangemacht, Sachsen als kulinarische Landschaft neu zu entdecken. Seither finden sich auf den Speisekarten wieder Gerichte, die jahrzehntelang fast völlig vergessen waren oder höchstens in Privathaushalten gekocht und serviert wurden. Dazu zählen u. a. der Dresdner Sauerbraten, Sächsisches Suppenfleisch mit Rosinen und Schwammklößen oder der Alt-Dresdner Rindfleischeintopf. Auch die deftige Küche der Oberlausitz erfährt nun eine Renaissance. Die Zittauer Bohnensuppe oder die Bautzener Topfsülze sind hier vor allem zu empfehlen. Die aus Eierkuchenteig bereiteten Plinsen fehlen in der Oberlausitz auf fast keiner Speisekarte. Sie werden – je nach Vorliebe – mit Marmelade, zerlassener Butter, Zucker und Zimt oder mit Apfelmus und Sahnehäubchen genossen. Zu den Vogtländischen Spezialitäten gehören die Grünen Klöße, die besonders gut zu dem auch hier beliebten Sauerbraten schmecken. Im Erzgebirge schätzt man ›Saure Flecken‹. Darunter verstehen die Erzgebirgler ein süß-saures Gericht aus kleingeschnittenem Rindsmagen und Kartoffelstückchen, das mit Äpfeln gekocht und mit Speckgrieben abgeschmeckt wird.

Eine der bekanntesten sächsischen Spezialitäten wird jedoch – vor allem außerhalb des

**Oben: Im grünen Loschwitz ist gut wohnen – und erholen.**
**Unten: Geballte Kneipenkultur findet man in den Straßen und Innenhöfen von Dresden-Neustadt.**

Freistaates – immer wieder zugrunde gerichtet: das Leipziger Allerlei, bei dem es sich nämlich nicht einfach um Mischgemüse handelt. Es ist vielmehr ein raffiniertes Gericht, dessen verschiedene Gemüsearten getrennt und auf unterschiedliche Weise gegart werden müssen. Und die wenigsten wissen: Als Zutaten unverzichtbar sind Morcheln und Krebsschwänze.

## Dresdner Christstollen

Die berühmteste sächsische Spezialität ist ohne Zweifel der Dresdner Christstollen. Die Form des ausgesprochen gehaltvollen, süßen Brotes soll an das in Tücher gewickelte Christkind erinnern. Noch bis vor zwei Jahrzehnten wurden die Christstollen von den Dresdner Hausfrauen – jeweils nach eigenem, selbstverständlich streng gehüteten Rezepten – beim

Bäcker gebacken, der allerdings nur die Anweisungen seiner Kundinnen auszuführen hatte. Heute bekommt man den Stollen überall in Deutschland. Am besten schmeckt er allerdings immer noch, wenn man ihn bei einem Dresdner Bäckermeister gekauft hat.

Hingewiesen sei noch auf ein anderes Dresdner Backwerk, bei dessen bloßer Erwähnung Kennern schon das Wasser im Munde zusammenläuft: die Eierschecke. Dieser süße, lockere Eier-Quark-Kuchen erfordert freilich die hohe Schule sächsischer Backkunst.

Interessant ist auch die Geschichte eines anderen berühmten sächsischen Gebäcks, der Leipziger Lerchen: Ursprünglich wurden die Vögel geräuchert nach halb Europa exportiert. Später, als Vogelschützer ein Fangverbot durchgesetzt hatten, erfanden Leipziger Konditore

ein äußerst schmackhaftes Substitut: Wenn heute von Leipziger Lerchen die Rede ist, meint man ein Marzipantörtchen, das so aussieht wie der mit einem Speckstreifen umwickelte Vogel.

## Heiß, süß und stark

Zum Kuchen gehört der Kaffee, dessen Beliebtheit in Sachsen schon sprichwörtlich wurde. Die Sachsen lieben ihren Kaffee heiß, süß und stark. Und beim Kaffee hört auch die Gemütlichkeit auf: Als in den 70er Jahren ein Versorgungsengpaß durch sogenannten Mixkaffee – eine Mischung aus echtem und Ersatzkaffee – behoben werden sollte, war die SED verblüfft über die wütenden Proteste der Sachsen. Das Kunstprodukt wurde schnell vom Markt genommen, und die Sachsen bekamen ihren Kaffee wieder unvermischt.

Dresden hat viele Szenekneipen. An die historische Trambahn erinnert die ›Linie 6‹ in der Loschwitzerstraße.

## Regionale Spezialitäten

Frisch und zart mußte das Gemüse sein, aus dem die raffiniert zubereitete Beilage **Leipziger Allerei** entstand. Heute wird das ›Allerlei‹ nur noch selten in Lokalen angeboten, öfter noch in Konserven; als nahrhafter Eintopf in privaten Haushalten hat es seinen Platz behauptet. Das **Vogtländer Neuerlei** deutet seine Vielfalt schon im Namen an; etliche Fleisch- und Gemüsesorten ergeben in Kombination ein deftiges Mittagessen. Fleck laß nach! Nicht so für viele Südsachsen, die das süß-saure Gericht **Saure Flecke** aus kleingeschnittenem Rindermagen und Kartoffelstücken, mit Äpfeln gekocht und mit Schmalzgrieben verfeinert, genießen.

Tupolew als Café in Bernsdorf

## Suppen

Sachsen sind keine Suppenkasper, im Gegenteil. Ist die Suppe schön sämig, bilden meist pürierte Kartoffeln ihre Grundlage. Als Klassiker darf die **Kartoffelsuppe** gelten. Eine verbreitete ›Sonntagssuppe‹ aus der Lausitz besteht aus Hühnerfleisch und Gemüse und – vielleicht Einfluß der schmackhaften, zum Kalorienreichtum neigenden böhmischen Küche – Eierkuchenstreifen. Im Erzgebirge darf es wiederum bodenständiger sein, die Zutaten liefert die nächste Umgebung: **Pilz-, Holunderbeer-** und **Brennesselsuppe** kommen noch häufig auf den Tisch.

Dresdner Café ›Donnersberg‹

## Fisch

Die Oberlausitz darf sich glücklich schätzen, daß die fettesten **Karpfen** des ganzen Landes in der hiesigen Teichlandschaft heranwachsen (auch **Forelle, Zander und Hecht**). Mit besonders kräftiger Meerrettichsoße werden die Schuppentiere genossen. Karpfen läßt man sich auch im Vogtland schmecken, wo der Fisch mit Gemüse und (wie in Franken) in Bier gedünstet zu Rotkraut und Kartoffeln auf den Tisch kommt. Aus den Moritzburger Teichen werden unter regem Interesse der Bevölkerung jedes Jahr zentnerweise Fische gezogen, um in ungezählten Kochtöpfen aufs köstlichste zubereitet zu werden.

## Kartoffelgerichte

Die nährstoffreiche **Kartoffel** (›Aardäppl‹; ›Gahdowl‹), als traditionelles Volksnahrungsmittel bewährt, erscheint in vielerlei Gestalt auf dem Teller, wo sie sich in Gesellschaft von Soßen am wohlsten fühlt: Dem sächsischen Gaumen schmeichelt es,  Kartoffeln zerdrückt in vollgesogenem Zustand aufzunehmen. Man ›ditscht‹, tunkt, übrigens auch sonst gern feste Nahrung in Flüssiges. In Erzgebirge und Vogtland sind mit Zwiebeln und Mehl gebackene **Puffer** beliebt; als **Grüne Klöße** (›Toppkliess‹) aus zu Brei geriebenen rohen Knollen liegen sie neben Wild, Geflügel, Sauerbarten und Rouladen. Die Soße erhält ihren kräftig-würzigen Geschmack durch Waldpilze. In ganz Sachsen verbreitet sind **Quarkkeulchen,** deren Teig aus gekochten Kartoffeln, Mehl, Eiern, Rosinen und Quark besteht. Zu Fladen geformt und in heißem Fett gebacken, werden die Keulchen mit Zimt und Zucker bestreut und zu Apfelmus oder Früchtekompott gegessen. Die konkurrierenden **Buttermilchgetzen** werden wahlweise aus rohen oder gekochten Kartoffeln mit Mehl und Buttermilch in der Pfanne zubereitet.

## Nachspeise

Der Abenteurer und Gartenfreund Fürst Pückler-Muskau lieh seinen Namen jener weltberühmten Schichtenkomposition, die ihrer genialen Schlichtheit wegen bislang noch alle Eismoden überdauert hat.

### Zu jeder Zeit

**Bemmen** sind trotz ihres üppigen Belages (bisweilen Gänseschmalz und saure Gurken) von herausfordernder Einfachheit: Hinter der als Zwischenmahlzeit gedachten, unter diesem Namen selbst in Norddeutschland bekannten Kost, verbergen sich zwei kräftig(end)e, zusammengeklappte Schwarzbrotscheiben. Es soll diese auch als Weißbrot-Doppeldecker geben.

### Kuchen, Gebäck

Wer sächsisches Gebäck höchster Qualität kennenlernen will, betritt irgendwann die im 19. Jh. gegr. Alt-Dresdner Institution ›Café Kreutzkamm‹ am Dresdner Altmarkt. Natürlich gibt es hier in der Advents- und Weihnachtszeit Baumkuchen und besten **Dresdner Christstollen**, der in 90 000 Laiben im Jahr in über 100 Länder geht. Dieses wichtigste aller sächsischen Backkunststücke wurde von Dresdner Familien während der Teilung gern als Weihnachtsgeschenk an die westdeutsche Verwandtschaft geschickt. Und diese hatte nicht selten zuvor einige Zutaten nach Dresden gesandt, denn in der DDR war durchaus nicht alles zu bekommen. Eine zweite Spitzenadresse sächsischer Kaffeehaus-Kunst ist ›Café Toscana‹ in Dresden-Blasewitz, Schillerplatz 7. Hier sind die Biskuits, das hausgemachte Konfekt, v. a. aber der Kuchen empfehlenswert. Schwer zu übertreffen ist die **Dresdner Eierschecke**, ein weit über die Hauptstadt gelobter Hefeblechkuchen, der unter einer hauchzarten Decke aus Eierschaum eine Quarkfüllung verbirgt. Zu den bekannten Backgenüssen zählen auch die **Pulsnitzer Pfefferkuchen**, die seit 1556 nach Originalrezepturen aus Oberlausitzer Öfen kommen. Die ebenfalls in der Oberlausitz gern verzehrten **Plinsen** bestätigten noch einmal

Dresdner Christstollen

die Vorliebe des Sachsen für Süßes: Eierkuchenteig, serviert mit Marmelade, zerlassener Butter, reichlich Zimt und Zucker bestreut und Apfelmus – Sahnehäubchen nach Wunsch. Die appetitlichen **Leipziger Lerchen** kommen als phantasievoll mit Mandeln, Nüssen und Konfitüre garnierter Mürbeteig daher.

# Aus *Küche* und *Keller*

### Getränke

**Kaffee** Sachsen sind Kaffeetrinker. ›Heeß un scheen sieße‹ (kochend heiß und mit viel Zucker) muß er sein und vor allem stark. Weshalb das Gerede vom dünnen sächsischen ›Bliemchengaffe‹ als üble Nachrede zu gelten hat.

**Bier** Die Braukunst hat in Sachsen Tradition. Am bekanntesten ist das nahe Dresden gebraute Radeberger Pilsner. Die Radeberger Exportbierbrauerei, früher sogar Hoflieferant, ist stolz darauf, die Pilsner Tradition in Deutschland eingeführt zu haben. Zu den überregional bekannten sächsischen Biersorten gehören auch das bei Leipzig gebraute Ur-Krostitzer und das Wernesgrüner, das v. a. Erzgebirgler und Vogtländer labt. Die Wernesgrüner Brauerei (südöstl. Schneeberg; gegr. 1436) ist die größte konzernunabhängige Brauerei im heutigen Ostdeutschland. Herbes Schwarzbier gewinnt wieder an Boden: Marken wie Eibauer, Köstritzer und Schwarzer Steiger (Dresden) ernten vermehrt Zustimmung. Ein Saft besonderer Art ist die Leipziger Gose, ein obergäriges Bier, das v. a. im 19. Jh. in Leipzig so beliebt war wie in Berlin die Weiße. Bis zum 2. Weltkrieg gab es zahllose Goseschänken, die zu DDR-Zeiten nach und nach schlossen. In den 1980er Jahren wurde in Leipzig-Gohlis die berühmteste ihrer Art mit dem überlieferten Namen ›Ohne Bedenken‹ (Menckestr. 5), wiederbelebt. Der Erfolg mit der selbstgebrauten Gose stellte sich schon vor der Wende ein.

**Wein** Um Meißen, im kleinsten der 13 deutschen Anbaugebiete (330 ha) wachsen trockene, an Duftstoffen reiche Weine, die meist aus den Rebsorten Müller-Thurgau, Weißburgunder, Traminer, Gutedel, Riesling gewonnen werden (Lagen: Seußlitzer Heinrichsburg, Meißner Rosengründchen u. a.). Seit 1995 schenken Hobbywinzer ihren Wein auch in den v. a. aus Bayern bekannten ›Straußwirtschaften‹ aus.

Sachsen

Sachsen

Sachsen

Sachsen

Sachsen

Sachsen

Sachsen

Sachsen

Sachsen

Sachsen

# TIPS & HINWEISE

Adressen & Termine

Übernachtungen

Mit Kindern unterwegs

Übersichtskarte

## Zentrale Adressen

Landesfremdenverkehrsverband Sachsen,
01067 Dresden, Friedrichstr. 24,
☎ 0351/491700, FAX 0351/4969306.

Dessen Informations- und Buchungsstelle
(TOURBU; ☎ 0351/4980540, FAX 0351/4969306)
gibt telefonische Auskünfte und reserviert
Zimmer in den meisten Gebieten
der nachstehenden Regionalverbände.

Sächsischer Heilbäderverband,
01129 Dresden, Seumestr. 35,
☎ 0351/5671266, FAX 0351/44478425

## Regionale Verbände

Bei schriftlichen Anfragen wird den Adressen der
Hinweis ›Fremdenverkehrsverband‹ (FVV) voran-
gestellt. Die Koordinaten hinter den Ortsnamen
(B4 usw.) beziehen sich auf die Übersichtskarte.

### ERZGEBIRGE
09456 Annaberg-Buchholz
(B4), Johannisgasse 23,
☎ / FAX 03733/23553

### OBERLAUSITZ-
### NIEDERSCHLESIEN
02625 Bautzen (E3),
Taucherstraße 39,
☎ 03591/43032,
FAX 03591/573290

### SÄCHSISCHES ELBLAND
01662 Meißen (C3),
Loosestr. 17–19,
☎ 03521/7252-13 u. -71,
FAX 03521/725318

### SÄCHSISCHE SCHWEIZ
01796 Pirna (D3),
Zehistaer Str. 9
☎ 03501/5154-54 u. -55,
FAX 03501/515456

### VOGTLAND
08523 Plauen (A4),
Engelsstr. 18,
☎ / FAX 03741/225166

### SÄCHSISCHES
### BURGEN- UND
### HEIDELAND
04736 Waldheim (B3),
Niedermarkt 1,
☎ 034327/9660,
FAX 034327/96619

### WESTSACHSEN/
### ZWICKAU E.V.
08056 Zwickau (B4),
Hauptstr. 6,
☎ 0375/2937-11 u. -12,
FAX 0375/293710

### LAUSITZER SEENPLATTE
02977 Hoyerswerda (D2),
Schlossergasse 1,
☎ 03571/456920,
FAX 03571/456925

### DÜBENER HEIDE
06901 Kemberg (B1),
Leipziger Str. 37,
☎ / FAX 034921/20391

### NÖRDLICHES
### VOGTLAND
08499 Mylau (A4),
Burg 1,
☎ 0172/2716152,
FAX 03765/385124

### VOGTLÄNDISCHE
### SCHWEIZ
08543 Pöhl-Möschwitz
(A4), Hauptstr. 51,
☎ 037439/4500,
FAX 037439/45013

### ROCHLITZER
### MULDENTAL
09306 Rochlitz (B3),
Markt 1, ☎
03737/783222,
FAX 03737/783224

### FERIENSTRASSE
### SILBERSTRASSE E.V.
08301 Schlema (B4),
Bergstr. 22,
☎ 03771/55800,
FAX 03771/558025

### WESTERZGEBIRGE
08301 Schlema (B4),
Bergstr. 22,
☎ 03771/22601,
FAX 03771/20879

### SÄCHSISCHER FORST/
### THARANDTER WALD
01737 Tharandt (C3),
Schillerstr. 3,
☎ / FAX 035203/2733

### MUSKAUER HEIDE
02923 Weißwasser (E2),
Schillerstr. 4,
☎ / FAX 03576/207126

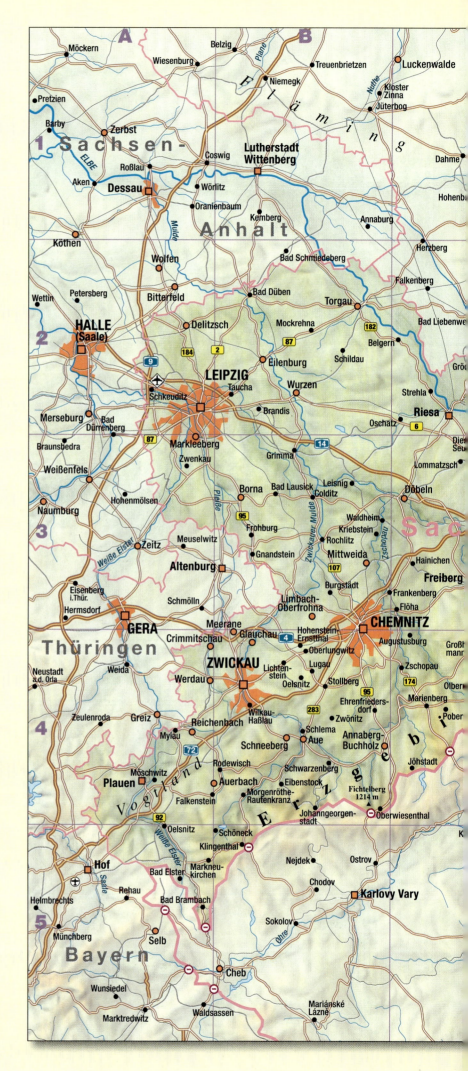

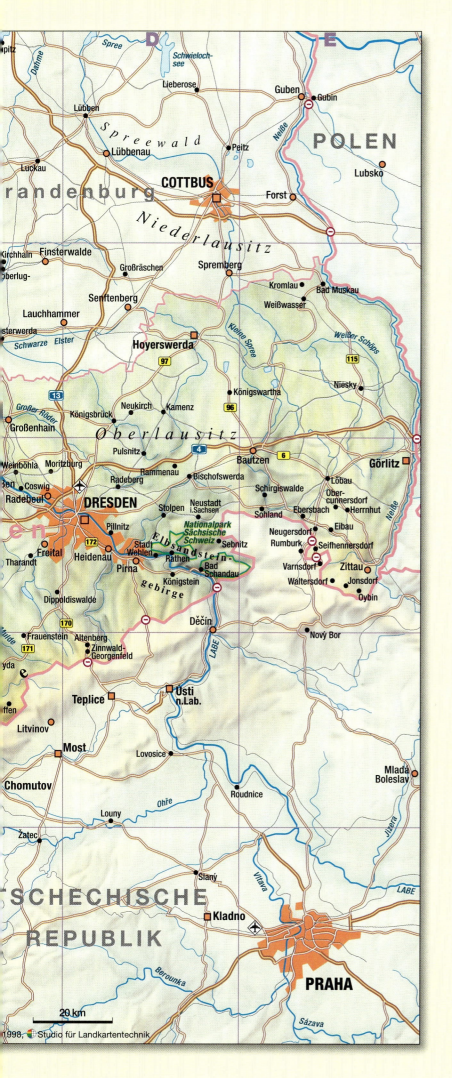

## Ausgewählte Orte

Bei schriftlichen Anfragen wird allen Adressen der Hinweis ›Tourist Information‹ (TI) bzw. ›Fremdenverkehrsamt‹ (FVA) vorangestellt. Die Koordinaten hinter den Ortsnamen (B4 usw.) beziehen sich auf die Übersichtskarte.

### ERZGEBIRGE

01773 Altenberg (D4), Platz des Bergmanns 2, ☎ 035056/33341, FAX 035056/33366

09456 Annaberg-Buchholz (B4), Markt 1, ☎ 03733/425139, FAX 03733/425138

08280 Aue (B4), Goethestr. 5, ☎ 03771/280025, FAX 03771/22709

09573 Augustusburg (C4), Marienberger Str. 29b, ☎ 037291/6551, FAX 037291/6552

09120 Chemnitz (B3/4), Crusiusstr. 5, ☎ 0371/54404, FAX 0371/5702242

01744 Dippoldiswalde (C3), Hospitalstr. 11, ☎ / FAX 03504/614877

09427 Ehrenfriedersdorf (B4), Max-Wenzel-Str. 1, ☎ 037341/3060

09623 Frauenstein (C3/4), Markt 28, ☎ 037326/9335, FAX 037326/1306

09599 Freiberg (C3), Burgstr. 1, ☎ 03731/23602, FAX 03731/273260

08371 Glauchau (B4), Markt 1, ☎ / FAX 03763/2555

09337 Hohenstein-Ernstthal (B4), Altmarkt 30, ☎ 03723/402474, FAX 03723/681440

08349 Johanngeorgen-stadt (B4), Eibenst. Str. 52, ☎ 03773/803030

03735 Marienberg (C4), Am Frischen Brunnen 1, ☎ 03735/90514, FAX 03735/90565

09484 Kurort Ober-wiesenthal (B4), Markt 8, ☎ 037348/12855, FAX 037348/12857

09526 Olbernhau (C4), Grünthaler Str. 28, ☎ 037360/45212, FAX 037360/15109

09496 Pobershau (C4), Dorfstr. 64, ☎ 03735/23436, FAX 03735/23436

08289 Schneeberg (B4), Markt 1, ☎ 03772/19433, FAX 03772/22347

09619 Sayda (C4), Dresdner Str. 53, ☎ / FAX 037365/1470

09548 Seiffen (C4), Hauptstr. 40, ☎ 037362/8438, FAX 037362/8225

08340 Schwarzenberg (B4), Oberes Tor 5, ☎ / FAX 03774/22540

09405 Zschopau (C4), Schloß Wildeck, ☎ / FAX 03725/22657

08056 Zwickau (B4), Hauptstraße 6, ☎ 0375/19433, FAX 0375/293715

08297 Zwönitz (B4), Markt 3a, ☎ 037754/35159

### OBERLAUSITZ-NIEDERSCHLESIEN

02953 Bad Muskau (E2), Schloßstraße 3, ☎ / FAX 035771/50492

02625 Bautzen (E3), Hauptmarkt 1, ☎ 03591/42016, FAX 03591/534309

018177 Bischofswerda (D3), Altmarkt 1, ☎ 03594/786241, FAX 03594/786214

02826 Görlitz (E3), Obermarkt 29, ☎ 03581/406999, FAX 03581/475727

02747 Herrnhut (E3), Comeniusstr. 6, ☎ 035873/2288, FAX 035873/2415

02977 Hoyerswerda (D2),
Schlossergasse 1,
☎ 03571/456920,
FAX 03571/456925

02796 Kurort Jonsdorf
(E3), Auf der Heide 1,
☎ 035844/70616,
FAX 035844/70064

01917 Kamenz (D2),
Kirchstr. 1,
☎ 03578/304300,
FAX 03578/379299

02708 Löbau (E3),
Am Altmarkt 1,
☎ 03585/752137,
FAX 03585/752161

02906 Niesky (E2),
Zinzendorfplatz 8,
☎ 03588/22580,
FAX 255815

02708 Obercunnersdorf
(E3), Hauptstr. 65,
☎ / FAX 035875/954

02797 Kurort Oybin (E3),
Freiligrathstr. 8,
☎ 035844/70346,
FAX 035844/70278

01896 Pulsnitz (D3),
Julius-Kühn-Platz 2,
☎ / FAX 035955/44246

02681 Schirgiswalde (E3),
Sohlander Str. 3a,
☎ / FAX 03592/34897

02782 Seifhennersdorf
(E3), Nordstr. 2a,
☎ 03586/451527,
FAX 03586/451545

02689 Sohland/Spree
(E3), Bahnhofstr. 26,
☎ 035936/39822,
FAX 035936/39888

02799 Waltersdorf (E3),
Dorfstr. 93,
☎ 035841/2146,
FAX 035841/2387

02763 Zittau (E3), Markt 1,
☎ 03583/752137,
FAX 03583/752161

## VOGTLAND

08646 Bad Brambach
(A5), Badstr. 49,
☎ 037438/880,
FAX 037438/88207

08645 Bad Elster (A5),
Am Badeplatz,
☎ 037437/71461,
FAX 037437/71260

08248 Klingenthal (B5),
Schloßstr. 3,
☎ 037467/64832,
FAX 037467/64825

08258 Markneukirchen
(A5), Am Rathaus 2,
☎ 037422/41143,
FAX 037422/41149

08262 Morgenröthe-
Rautenkranz (B4),
Bahnhofstr. 8,
☎ 037465/2538,
FAX 037465/2549

08606 Oelsnitz (A 4/5),
Am Markt 1,
☎ 037421/402,
FAX 037421/20797

08523 Plauen (A4),
Unterer Graben 1,
☎ 03741/2911027,
FAX 03741/291110

08468 Reichenbach (A4),
Weinholdstr. 7,
☎ 03765/12188,
FAX 03765/12425

## SÄCHSISCHE SCHWEIZ/ SÄCHSISCHES ELBLAND

01814 Bad Schandau
(D3), Markt 8,
☎ 035022/42412,
FAX 035022/43184

01612 Diesbar-Seußlitz
(C2/3), An der Weinstr. 29,
☎ / FAX 035267/50225

01069 Dresden (C/D3),
Prager Str. 10,
☎ 0351/491920,
Fax 0351/4951276

01309 Dresden (C/D3)
Dresden-Werbung
und Tourismus GmbH,
Goetheallee 18,
☎ 0351/3361259,
FAX 0351/35247

01824 Königstein (D3),
Schreiberberg 2,
☎ 035021/68892,
FAX 035021/68887

01662 Meißen (C3),
An der Frauenkirche 3,
☎ 03521/454470,
FAX 03521/458240

01468 Moritzburg (C3),
Schloßallee 3b,
☎ 035207/85410,
FAX 035207/85420

01796 Pirna (D3),
Dohnaische Str. 31,
☎ 03501/528497,
FAX 03501/556331

# Verkehr

**AUTO** Das ostdeutsche Straßennetz ist seit 1990 deutlich ausgebaut worden. Die sprunghaft gestiegene Motorisierung in den neuen Bundesländern führt andererseits zu häufigen Staubildungen, v. a. in den Ballungsräumen Dresden und Leipzig. Wesentlich verbessert hat sich die Anbindung an Bayern durch den Ausbau der A 72. Die geplante Autobahn Dresden–Prag ist weiterhin v. a. aus Landschafts- und Naturschutzgründen umstritten. Informationen/Hilfen für Autofahrer geben: ADAC Sachsen, 01277 Dresden, Schandauer Str. 44–46, ☎ 0351/447880; Automobilklub Deutschland, 01099 Dresden, Bautzner Str. 4, ☎ 0351/4110173.

**BAHN** Sachsen verfügt über ein dichtes Schienennetz. Leipzig und Dresden sind inzwischen mit EC- und IC-Verbindungen erreichbar. Der weitere Ausbau und Anschluß ans ICE-Netz (bisher nur Dresden) ist in Planung. Mit Interregio-Zügen (nach Chemnitz, Dresden, Leipzig, Zwickau) lassen sich die touristisch interessantesten Regionen Sachsens erreichen. Bahnurlauber profitieren vom ›Ferienticket‹, das Fahrter (auch mit Bus und Schiff) in der Region zu ermäßigten Preisen ermöglicht (Auskunft an DB-Schaltern oder bei DB-lizensierten Reisebüros).

**FLUGVERKEHR** Sachsen hat zwei internationale Flughäfen. Dresden-Klotzsche (Auskunft: ☎ 0351/8813665, Zubringerbus bis Zentrum 30 Min.), früher zweitwichtigster Flughafen der DDR, wurde nach der Wende stark erweitert. Heute ist Klotzsche ein leistungsfähiger Regionalflughafen mit Direktverbindungen zu vielen europäischen Städten. Auf dem Flughafen Leipzig-Halle (Auskunft: ☎ 0341/2240, Zubringerbus bis Zentrum 30 Min.), am Schkeuditzer Kreuz ging es vor 1990 nur während der Leipziger Messen lebhaft zu. Inzwischen ist der Flughafen vergrößert und modernisiert worden. Heute übertrifft der Schkeuditzer Airport, dessen weiterer Ausbau beschlossen ist, den Flughafen der Landeshauptstadt an Passagieraufkommen und Bedeutung.

**PERSONENSCHIFFAHRT** Auf der Elbe verkehrt die älteste und größte Seitenraddampferflotte der Welt (April–Okt.; Fahrkarten an den Anlegestellen Dresden/Brühlsche Terrasse, Bad Schandau, Königstein, Pirna, Rathen; Fahrplanauskunft: Sächsische Dampfschiffahrts GmbH & Co., ☎ 0180/5304747). Die Schiffe, nach der Wende wieder mit dem historischen grün-weißen Anstrich versehen, fahren (meist tgl.) elbaufwärts in die Sächsische, teilweise auch in die (tschechische) Böhmische Schweiz, elbabwärts mitten durchs sächsische Weinbaugebiet bis Meißen und Seußlitz. Im Einsatz sind folgende Schiffe (nach Baujahren): ›Stadt Wehlen‹ (1879), ›Diesbar‹ (1884), ›Meissen‹ (1885), ›Pillnitz‹ (1886), ›Kurort Rathen‹ (1896), ›Pirna‹ (1898), ›Dresden‹ (1926), ›Leipzig‹ (1929). Hinzu kommen die großen Motorschiffe ›August der Starke‹ und ›Gräfin Cosel‹ (beide 1995) sowie die kleinen Motorschiffe ›Lilienstein‹ (1982) und ›Bad Schandau‹ (1987).

01445 Radebeul (C3),
Pestalozzistr. 6a,
☎ 0351/8311863,
FAX 0351/8311902

01824 Kurort Rathen
(D3), Niederrathen 17b,
☎ / FAX 035024/70422

01589 Riesa (C2),
Pausitzer Str. 60,
☎ 03525/6010,
FAX 03525/601410

01855 Sebnitz (D3),
Schillerstr. 5,
☎ / FAX 035971/3079

01833 Stolpen (D3),
Am Markt 26,
☎ / FAX 035973/313

01616 Strehla (C2), Markt,
☎ 035264/90222,
FAX 035264/90221

01829 Stadt Wehlen (D3),
Markt 5,
☎ 035024/70414,
FAX 035024/70434D3)

## SÄCHSISCHES BURGEN- UND HEIDELAND

04651 Bad Lausick (VB3)
Straße der Einheit 19,
☎ / FAX 034345/22466

04680 Colditz (B3), Markt,
☎ 034381/43519,
FAX 034381/43404

04509 Delitzsch (A2),
Kreuzgasse 10,
☎ / FAX 034202/22164

04838 Eilenburg (B2),
Markt 1,
☎ 03423/652178,
FAX 03423/601613

04668 Grimma (B3),
Markt 23,
☎ / FAX 03437/919853

04109 Leipzig( A/B2/3),
Sachsenplatz 1,
☎ 0341/7104265 und
7104275, FAX 7104276

04703 Leisnig (B3),
Markt 19,
☎ / FAX 034321/12062

09648 Mittweida (B3),
Rochlitzer Str. 58,
☎ 03727/2804,
FAX 03727/2806

04758 Oschatz (C2),
Neumarkt 2,
☎ 03435/970242

04860 Torgau (B2), Schloßstr. 11, ☎ 03421/712571,
FAX 03421/710280

09306 Rochlitz (B3), Markt,
☎ 03737/783222,
FAX 03737/783224

04808 Wurzen (B2), Markt 5,
☎ 03425/926000,
FAX 03425/925828

Bautzen besitzt eines der besterhaltenen mittelalterlichen Stadtbilder Sachsens.

# Terminkalender

## Feste, Brauchtums- und Kulturveranstaltungen (eine Auswahl)

### JANUAR

**Altenberg:** Skiweltcup Skeleton

**Schloß Augustusburg:** MZ-Motorradtreffen

**Schöneck:** Schlittenhundrennen

### FEBRUAR

**Dresden:** Gedenkkonzerte (Zerstörung der Stadt 1945)

**Johanngeorgenstadt:** Große Bergparade (23.2.)

**Leipziger Messe:** Haus-Garten-Freizeit

**Oberwiesenthal:** Internat. Schlittenhundrennen

### MÄRZ

**Dresdner** Opernfestspiele (bis April)

**Leipziger** Buchmesse

**Oberwiesenthal:** Volksskilanglauf

**Sächsische Schweiz:** Festival Sandstein & Musik (bis Okt.)

### APRIL

**Dresden:** Frühlingsfest

**Leipziger** Ostermesse

**Osterreiten in der Oberlausitz**

**Sebnitzer** Blumentage

**Torgau:** Elbe Day

**Chemnitz:** Sächsisches Mozartfest

### MAI

**Diesbar-Seußlitz:** Heiratsmarkt

**Dresden:** Dampferparade (1. Mai); Dixielandfestival; Musikfestspiele (um Pfingsten)

**Hohenstein-Ernstthal:** Karl-May-Fest

**Klingenthal:** Internat. Akkordeonwettbewerb

### Königstein: Stadt- und Festungstage

**Leisnig:** Blütenfest

**Markneukirchen:** Internat. Instrumentalwettbewerb

**Meißen:** Markgrafenfest; Altstadtfest und Töpfermarkt

**Neugersdorf:** Jakobimarkt

**Oybin:** Historische Mönchszüge (bis Sept.)

**Plauen:** Europäischer Bauernmarkt

**Radebeul:** Karl-May-Fest

**Rathen:** Freilichtspiele Felsenbühne (bis Aug.)

**Vogtland:** Kulturfestival ›Chursächsischer Sommer‹ (bis Sept.)

**Zwickau:** Sommercup im Rennrodeln

### JUNI

**Annaberg-Buchholz:** Annaberger Kät

**Burg Gnandstein:** Musikfestspiele

**Dresden:** Elbhangfest

**Erzgebirge:** Bergparaden (bis Aug.)

**Freiberger** Bergstadtfest

**Görlitz:** Schlesisches Musikfest

**Kromlau:** Park- und Blütenfest (Pfingsten)

**Leipziger** Stadtfest

**Mylau:** Burgfest

**Pirnaer** Stadtfest

**Plauener** Spitzenfest

**Rochlitz:** Inselfest mit Feuerwerk

**Sebnitz:** Musikfest der Sachsenländer Blasmusikanten

**Seiffen:** Fest der Spielwarenmacher

**Torgau:** ›Auszugsfest der Geharnischten‹; Festwoche der Kirchenmusik

**Zwickau:** Internat. Trabantfahrertreffen; Zwickauer Musiktage ›Robert-Schumann‹; Westsachsenschau

### JULI

**Augustusburg:** Jagd- und Schloßfest

**Bautzener** Theatersommer

**Dresden:** Filmnächte am Elbufer (bis Aug.)

**Glauchau:** Historisches Schloßspektakel

**Leipzig:** Montagskonzerte am Bachdenkmal

**Meißen:** Blasmusikfest

**Oberlausitz:** Lausitzer Musiksommer

**Oberwiesenthal:** ›Open air der Volksmusik‹

**Schneeberg:** Bergstreittag

**Zittauer** Stadtfest

### AUGUST

**Schloß Augustusburg:** Countryfestival (1. So)

**Delitzsch:** Kohlhaas-Festtage

**Dresden:** Ostasiatische Kunst- und Kulturtage

**Eibau:** Spreequellfest am Kottmar

**Glauchau:** Internat. Jazzfestival

**Greifensteingebiet:** Greifensteiner Countryfestival

**Kamenz:** Forstfest

**Leisnig:** Altstadt- und Burgfest

**Löbau:** Turmfest

**Moritzburg:** Kammermusikfestival

**Schloß Pillnitz:** ›Pillnitz Ope(r)n Air‹

**Stolpen:** Burgfest

### SEPTEMBER

**Annaberg-Buchholz:** Annaberger Klöppeltag

**Burg Kriebstein:** Ritterspiele

**Chemnitzer** Stadtfest

**Dresdner** Herbstmarkt

**Freiberger** Musiksommer

**Freiberg:** ›Tag der Sachsen‹

**Görlitzer** Altstadtfest

**Königstein:** Internat. Militärmusikfestival

**Leipziger** Markttage

**Marienberg:** Holzmarkt

**Meißen:** Burgfestspiele

**Moritzburg:** Hengstparaden

**Niesky:** Folklorum

**Rammenau:** Internat. Leinentage

**Schwarzenberg:** Bergmännische Musiktage

**Elbtal:** Wein- und Winzerfeste (bis Okt.)

### OKTOBER

**Ehrenfriedersdorf:** Erzgebirgstag

**Leipziger** Jazztage; Internat. Festival für

Dokumentar- und Animationsfilme; Historischer Biwak ›Völkerschlacht zu Leipzig‹; Lachmesse

**Neukirch:** Töpferfest

**Radebeul:** Abschluß der Weinlese

**Zwickauer** Altstadtfest

### NOVEMBER

**Chemnitz:** Internat. Musik- und Theaterfestival; Große Bergparade

**Dresdner** Tage der zeitgenössischen Musik

**Görlitz:** Touristikbörse

**Leipzig:** Modell- und Hobby-Messe

**Moritzburger** Fischzug

### DEZEMBER

**Dresdner** Strietzelmarkt

**Jöhstadt:** Bergparade nach den Christmetten

**Leipziger** Messe Touristik und Caravaning

**Schneeberg:** Lichtfest (2. Advent); Erzgebirgische Bergparaden in der Adventszeit; Weihnachtsmärkte

---

## Klima

Sachsen hat ein mildes, angenehmes Klima, das allerdings durch häufig wechselnde Wetterlagen bestimmt wird. Diese relative Unbeständigkeit ergibt sich aus dem Zusammentreffen von ozeanischem und kontinentalem Klima.

Die jährliche **Sonnenscheindauer** liegt in Westsachsen (Schkeuditz 1517 Std.) deutlich niedriger als im östlichen Landesteil (Görlitz 1703 Std.).

Die geringste **Niederschlagsmenge** fällt jeweils zu Jahresbeginn, die höchste im Frühsommer. Auf dem erzgebirgischen Fichtelberg werden 1150 mm Niederschlag (Zugspitze 1467 mm, Brocken 1678 mm; Bundesdurchschnitt 790 mm) erreicht; in Dresden fallen übers Jahr 667 mm (zum Vergleich: Hamburg 740 mm, München 904 mm).

Die **Durchschnittstemperaturen** (in °C) betragen für Januar: Dresden: 0,3; Leipzig -0,3; Plauen -1,8; (zum Vergleich: Berlin -0,6; Hamburg 0,3; Köln 2,4; München -2,2), für Juli: Dresden: 18,6; Leipzig 18,4; Plauen 16,6; (zum Vergleich: Hamburg 16,8; Köln 18,4; München 16,9).

**Rockige Klänge vor historischer Kulisse: Konzert im Park von Schloß Albrechtsberg.**

**Auf einer 5,6 km langen Rundtour rattert die Mini-Schmalspurbahn durch den ›Großen Garten‹, Dresdens größten und schönsten Park.**

## Unterwegs mit Kindern

Spielen, staunen (und lernen) sollen Kinder, und zu allem ist in Sachsen Gelegenheit genug. Viele Städte und Gemeinden bieten kindgerechte Veranstaltungen an. Das Angebot ist recht groß und wechselt häufig (Auskunft über die FFV). Abseits organisierter Vergnügungen gibt es eine Vielzahl von ›Spaß- und Erlebnisbädern‹, oft mit separatem Kinderbereich, Möglichkeiten zum Ponyreiten, Kutschfahrten durch die Wald-, Heide- und Teichlandschaften, Gelegenheit zum Schwimmen, Angeln und Bootfahren auf den zahlreichen Seen, und, in der warmen Jahreszeit, allerorten Jahrmärkte – auch auf vielen Dörfern. Die historischen Museumseisenbahnen und Raddampfer begeistern nicht nur Väter. Wildtierbeobachtungen, Lehrpfade und die vielgestaltigen Wald- und Gebirgsregionen fördern das Naturverständnis.

### FREIZEIT- UND ABENTEUERPARKS

Freizeit- und Abenteuerparks haben i. d. R. noch nicht die Verbreitung und Größenordnung westdeutscher Anlagen erreicht und machen mehr den Eindruck von Abenteuerspielplätzen – was kein Nachteil sein muß. Im Saurierpark Klein-Welka/Oberlausitz (tgl.) stehen 45 Urtiere;

am Ort ist auch ein Abenteuerlabyrinth, das sich rühmt, ›größter Irrgarten Deutschlands‹ zu sein (tgl. Mitte März–Okt.). Ein Urzeitpark ist auch in Sebnitz/ Sächsische Schweiz entstanden (370 Plastiken, Ostern–Okt., tgl. 9–18 Uhr). Im als familienfreundlich ausgezeichneten Jonsdorf/ Oberlausitz erleben

Kinder Westernstunts und Märchenspiele (Mai– Okt.; ☎ 035844/70616).

### SOMMER-RODELBAHNEN

Sommerrodelbahnen (in der Saison meist tgl.) gibt es u. a. in Altenberg (Länge 1000 m), Klingenthal (550 m), Oberoderwitz (587 m), Oberwiesenthal (525 m), Seiffen (600 m).

### MUSEEN

Folgende Museen werden Kinder interessieren: in Dresden das Verkehrsmuseum (Johanneum, di–so 10-17 Uhr; mit Spielgelegenheiten) und das Grüne Gewölbe (Albertinum, fr–mi 10–18 Uhr) mit dem wertvollsten Spielzeug der Welt: Die massiv goldene ›Hofstadt zu Delhi‹ besteht u. a. aus 165 beweglichen Figuren. In Radebeul führt das Karl-May-Museum (di–so ab 9/10 Uhr) in die Welt nordamerikanischer Indianer (Mays Schöpfungen ›Winnetou‹ und ›Old Shatterhand‹ kämpfen im Sommer auf der Felsenbühne Rathen/ Sächsische Schweiz

gegen lichtscheues Gesindel; ☎ 035024/7770).

### PARKEISENBAHNEN

Im Dresdner Großen Garten, am Leipziger Auensee, im Chemnitzer Küchwald, im Plauener Park und im Görlitzer Park rollen im Sommerhalbjahr schmalspurige Kindereisenbahnen. Auch das ›Personal‹ dieser Parkbahnen – zu DDR-Zeiten von den Jungen Pionieren, der kommunistischen Kinderorganisation, betrieben – besteht meist aus Kindern; nur die Lokführer sind Erwachsene.

### BEGEGNUNGEN MIT TIEREN

Die meisten der genannten Tierparks und Wildgehege sind ganzjährig

Egerländer Fachwerk kann im denkmalgeschützten Dorf Raun bewundert werden.

## Übernachten in Sachsen

**Sachsen empfängt, Tendenz steigend, jährlich über 4,1 Mill. Gäste, denen etwa 95300 Betten in Hotels, Pensionen, Weingütern, Kurhäusern und Privatzimmern aller Kategorien zur Verfügung stehen. Dresden und sein elbländisches Umland stehen im Mittelpunkt vieler Reiseplanungen, auch die Leipziger Messen sind sehr gut besucht, rechtzeitige Reservierungen daher empfohlen.**

geöffnet. Der Dresdner Zoo (gegr. 1861; ab 8.30 Uhr, ☎ 0351/4780610) ist nach Berlin, Frankfurt/Main und Köln der viertälteste Zoologische Garten Deutschlands. Berühmt ist der Tierpark für seine Affenzucht. Der Leipziger Zoo (gegr. 1878; ganzj. ab 8 Uhr; ☎ 0341/5933500) ist auf die Zucht von Löwen und Tigern spezialisiert. Weitere Anlagen gibt es in: Annaberg-Buchholz, Aue, Bad Elster, Bad Schandau, Bischofswerda, Borna, Chemnitz, Freiberg, Görlitz, Hoyerswerda , Klingenthal, Limbach-Oberfrohna, Moritzburg, Riesa, Senftenberg, Weißwasser und Zittau.

### URLAUB AUF DEM BAUERNHOF

Entsprechende Angebote, über die FVV zu erfragen, gibt es in allen ländlichen Regionen Sachsens. Umfassend informiert der Sächsische Bauernverband, Stichwort ›Urlaub auf dem Lande‹, 01219 Dresden, Kreischaer Str. 3, ☎ 0351/475261, 🖷 4728932. Auf dem neuesten Stand ist auch der Deutschland-Katalog ›Ferien auf dem Lande‹ (Landschriften-Verlag, 53111 Bonn, Heerstr. 73, ☎ 0228/631284).

### JUGENDHERBERGEN

In den meisten Städten und allen landschaftlich reizvollen Regionen gibt es inzwischen Jugendherbergen oder Jugendgästehäuser (ca. 70), die unter bestimmten Bedingungen (DJH-Mitgliedskarte) auch Erwachsenen und Familien offenstehen. Auskunft über freie Plätze, Reservierung und Preise: Deutsches Jugendherbergswerk DJH, 32754 Detmold, Postfach 1455, ☎ 05231/74010, 🖷 740149, sowie beim DJW-Landesverband Sachsen, 09116 Chemnitz, Popowstr. 7, ☎ 0371/234556, 🖷 234567, der mit seinem Servicecenter (01067 Dresden, Materinstr. 22, ☎ 0351/4942211) alle Dienste (z. B. Ausgabe von DJH-Ausweisen) um einen Jugendherbergsaufenthalt abdeckt.

### CAMPING

Die über alle Regionen verteilten Plätze (geöffnet meist April–Sept./Okt.; ganzj. u. a. in Altenberg, Deutschbaselitz, Dresden, Großschönau, Seiffen, Strehla) sind oft mit Ferienbungalows oder -hütten ausgerüstet. Der LFVV Sachsen (s. Adressen) bietet eine Sonderbroschüre an. Welche Plätze empfehlenswert sind, ist den Campingführern des ADAC (›Deutschland · Nordeuropa‹; ADAC, 81373 München, Am Westpark 8, ☎ 089/76760) und des Deutschen Camping-Clubs, 80832 München, Mandlstr. 28, ☎ 089/3801420, zu entnehmen.

### FAMILIENURLAUB

Bei der Planung eines Familienurlaubs helfen die Verkehrsvereine und der ADAC, der den entsprechenden Katalog ›Familienferien‹ verschickt (81373 München, Am Westpark 8, ☎ 089/76760).

**Zum Spanbaumstechen braucht man eine ruhige Hand und viel Geschick.**

# Hobby, Freizeit und Erholung

**Überblicke zum Freizeit- und Besichtigungsangebot für Individual- und Pauschalreisende verschicken kostenlos die regionalen FVV (s. Adressen).**

Daß **Einkaufen** ›Erlebnischarakter‹ haben kann, wird v. a. in Dresden und Leipzig mit seinem Passagensystem erfahrbar.

Zahlreiche **Schau- und Künstlerwerkstätten** können besichtigt werden, etwa die Herstellung von Plauener Spitze (08529 Plauen, Obstgartenweg 1, ☎ 03741/443187). Die Erzgebirgsregion bietet hochwertiges Kunsthandwerk und Volkskunst in Fülle. Das Land, in dem traditionelle Handwerkstechniken wie kaum anderswo gepflegt werden, bietet auch Urlaubern reichlich Gelegenheit, sich beim Klöppeln, Bildhauern, Schnitzen, Drechseln, Korbmachen, Zinngießen, Töpfern schöpferisch zu zeigen. Angebote an **Hobbykursen** über die FVV.

Die Bergbautradition des Erzgebirges wird an vielen Orten auch durch **Schaubergwerke** hochgehalten (meist März–Nov. geöffnet). Solche Anlagen finden sich u.a. in Cunersdorf, Ehrenfriedersdorf, Freiberg, Frohnau, Johanngeorgenstadt, Pobershau, Pöhla.

## WANDERN

Sachsen ist ein Wanderland; seine oft in mittelgebirgigen Höhen quer endenden Wege sind gut ausgebaut. Durch die Sächsische Schweiz führen allein 1200 km markierte Wanderwege (Auskunft, Karten, Broschüren bei den FVV). Zu den herausragenden Strecken zählt der **Malerweg** durch die Sächsische Schweiz (Pirna–Stadt Wehlen–Bad Schandau–Schmilka), den im 19. Jh. Maler und Literaten der Romantik gingen und Inspirationen für ihre Arbeit gewannen; der erzgebirgische **Anton-Günther-Wanderweg** ist der erste grenzüberschreitende Wanderpfad nach Böhmen (65 km; ab Johanngeorgenstadt). Den **Oberlausitzer Bergweg** (115 km; Neukirch bei Bautzen über eine vielgestaltige Mittelgebirgslandschaft nach Zittau) kann man auch ohne Gepäck erwandern (Buchung: ☎ / FAX 03592/34897). Die Oberlausitz läßt sich auch auf einer **Route** ›entlang der Umgebindehäuser‹ erwandern.

## RADWANDERN

Neben zahlreichen Streckenvorschlägen in der Umgebung des Urlaubsortes (Auskunft, Karten, Broschüren bei den FVV), bieten sich viele über große Entfernungen führende Routen an, die mit mehrfachem Quartierwechsel verbunden sind. Gepäck- und Unterkunftsprobleme lassen sich aber durch entsprechende Buchungen (›Wandern bzw. Radfahren ohne Gepäck‹) lösen. Touren in Auswahl: Am bekanntesten ist die ›Silberstraße‹, eine die alten Bergbauzentren Südsachsens und ihre reichen Kulturzeugnisse verbindende Ferienroute (ca. 160 km; von Zwickau, nach Aue, Schwarzenberg, Annaberg-Buchholz, Marienberg, Freiberg nach Dresden). Die westsächsische **Ferienstraße** ›Tal der Burgen‹ (über 40 Objekte) folgt ab Bad Düben/Dübener Heide bis hinunter zum Vogtland über weite Strecken dem Tal der Mulde. Die reizvolle **Sächsische Weinstraße** (55 km; von Pirna über Dresden, Radebeul, Meißen nach Diesbar-Seußlitz) durchquert die kleinste deutsche Weinregion. Der **Froschradweg** geht als Rundtour durch die Heide- und Teichlandschaft der nördlichen Oberlausitz (240 km; Kamenz, Hoyerswerda, Weißwasser, Rothenburg, Niesky). An Flüssen entlang führen der **Elberadweg** (von der Sächsischen Schweiz über Dresden, Meißen, Sächsische Weinstraße bis Diesbar-Seußlitz); der **Spreeradweg** (von einer der drei Spreequellen durchs Oberlausitzer Bergland, nach Bautzen, durch die Oberlausitzer Heide- und Teichlandschaft bis Berlin); der **Neißeradweg** (von der Mündung des Flusses in die Oder nach Bad Muskau über Görlitz nach Zittau). Fahrradverleih an vielen Orten (um 10 Mark/Tag), außerdem an manchen Bahnhöfen (z. B. Bad Schandau, Dresden, Pirna).

Über den **Nationalpark** Sächsische Schweiz informiert die Parkverwaltung, 01824 Königstein, Schandauer Str. 36, ☎ 035021/68229, FAX 68446 (Führungen: ☎ 035022/43190).

## WEINLEHRPFADE

Weinlehrpfade im Elbtal (Längen 0,8–10 km) mit Informationstafeln, schönen Ausblicken und vielen Sehenswürdigkeiten liegen um Dießbar-Seußlitz, Dresden-Pillnitz, Meißen, Radebeul, Weinböhla (Auskünfte über die FVV, s. Adressen). Beim Besuch der Rebenversuchsstation in Radebeul wird die Verkostung der ›Versuchsweine‹ als Mitarbeit gewertet und ist daher gratis (Auskunft: Weinbauverband Sachsen, 01662 Meißen, Niederauer Str. 26, ☎ 03521/763530).

## MUSEUMSBAHNEN

In Sachsen blieben erstaunlich viele Schmalspur-›Museumsbahnen‹ erhalten, die teils von der Deutschen Bahn, häufiger von privaten Vereinen betrieben werden. Fast immer kommen dabei Dampflokomotiven zum Einsatz. Im normalen Personenverkehr (s. DB-Kursbuch) sind eingesetzt:

**Erzgebirgsbahn** Cranzahl-Oberwiesenthal: (1897; 17,4 km);

**Weißeritzbahn** Freital/Hainsberg–Kipsdorf (1882; 26,3 km);

**Zittauer Bimmelbahn** Zittau-Oybin-Jonsdorf (1890; 13 km).

Eingeschränkte Fahrzeiten haben:

**Döllnitzbahn** Oschatz-Mügeln-Kemmlitz (18 km; ☎ 034362/32343);

**Kirnitzschtalbahn** (Straßenbahn) Bad Schandau-Lichtenhainer Wasserfall (8,3 km; ☎ 035022/42412);

**Lausitzer Grubenbahn** Knappenrode-Auerhahn (1934; 20 km; ☎ 03571/672664);

**Lößnitztalbahn** Radebeul-Moritzburg-Radeburg (1884; 16,4 km, ☎ 0351/4615100);

**Waldeisenbahn** Muskau (7,2 km; ☎ 03576/207472).

## HISTORISCHE BERGBAHNEN

**Drahtseilbahn** Augustusburg–Erdmannsdorf-Augustusburg (1911; Höhenunterschied 168 m);

**Drahtseilbahn** Dresden, Körnerplatz-Weißer Hirsch (1895);

**Personenschwebebahn** Dresden, Körnerplatz-Loschwitzhöhe (1900; erste Schwebeseilbahn der Welt).

Und zum Abschluß eine wunderbare Abendstimmung im Osterzgebirge.

## REGISTER

(Fett gedruckte Ziffern verweisen auf Abbildungen)

## TEXT

Gerhard Paul, Hamburg

## BILDNACHWEIS

**Abbildungen:**
Archiv Erdmann & Bieß/Schuster, Berlin (S. 44/45 gr. Abb.; S. 46 Abb. rechts; S. 48/49 gr. Abb.; S. 50 Gohlis; S. 15 Messe; S. 51 Bach-Denkmal; S. 107 kl. Abb.; S. 113 Abb. Gewandhaus, Abb. Opernhaus)
Archiv für Kunst und Geschichte, Berlin (S. 94/95 beide Abb.; S. 97 kl. Abb.)
Archiv Gerstenberg, Wietze (S. 92 kl. Abb.; S. 96/97 gr. Abb.; S. 96 kl. Abb.)
Jürgen Matschie, Bautzen (S. 38 Abb. Bautzen; S. 39 Abb. Zittau; S. 108/109 beide Abb.; S. 114 Abb. Osterreiten)
Oswaldpress/Lange, Leipzig (S. 40/41; S. 42; S. 43; S. 44 Abb. Mitte; S. 46 Abb. links; S. 49 kl. Abb.; S. 106/107 gr. Abb.)
Transglobe/Fred George, Hamburg (S. 4 Abb. unten; S. 90/91; 92/93 gr. Abb; S. 93 kl. Abb.)
Sächsische Dampfschiffahrt, Dresden (S. 33 Abb. oben; S. 34 Abb. oben)
Alle anderen Abb. HB-Bildarchiv
**Titelbilder:**
Blick vom Basteifelsen ins Elbtal;
Dresden, Wallpavillon des Zwingers
**Karte:**
Studio für Landkartentechnik, Norderstedt

## IMPRESSUM

1. Auflage 1998
**Verlag:**
HB Verlags- und Vertriebs-Gesellschaft mbH, Alsterufer 4, 20354 Hamburg, Postfach 300660, 20347 Hamburg, Telefon 040/4151-04, Telefax 040/4151-3231.
**Geschäftsführer:**
Kurt Bortz, Jonny Bülow, Dr. Joachim Dreyer
© HB Verlags- und Vertriebs-Gesellschaft mbH, 1998, für den gesamten Inhalt, soweit nicht anders angegeben
**Redaktion und Produktion:**
Harksheider Verlagsgesellschaft mbH, Fabersweg 1, 22848 Norderstedt, Telefon 040/528862-0, Telefax 040/5234056
**Redaktion:** Horst Keppler (verantwortlich), Wolfgang Schmidt, Andreas Voigt
**Grafische Gestaltung:**
Gisela und Werner Wassmann, Hamburg
**HB-Bildatlas Fotoservice:** Harksheider Verlagsgesellschaft mbH, Fabersweg 1, 22848 Norderstedt, Telefon 040/528862-22, Telefax 040/5234056
Für die Richtigkeit der in diesem HB-Bildatlas angegebenen Daten – Adressen, Öffnungszeiten, Telefonnummern usw. – kann der Verlag keine Garantie übernehmen.
Nachdruck, auch auszugsweise, nur mit vorheriger Genehmigung des Verlages.
**Anzeigenalleinverkauf:**
KV Kommunalverlag GmbH, Postfach 810565, 81905 München, Telefon 089/928096-24, Telefax 089/928096-20
**Vertrieb Zeitschriftenhandel:**
Partner Pressevertrieb GmbH, Postfach 810420, 70521 Stuttgart, Telefon 0711/7252-227, Telefax 0711/7252-310
**Vertrieb Abonnement und Einzelhefte:**
Zenit Pressevertrieb GmbH, Postfach 810640, 70523 Stuttgart, Telefon 0711/7252-198, Telefax 0711/7252-333
**Vertrieb Buchhandel:**
Mairs Geographischer Verlag, Marco-Polo-Zentrum, 73760 Ostfildern, Telefon 0711/4502-0, Telefax 0711/4502-340
**Reproduktionen:** Otterbach Repro, Rastatt
**Druck und buchbinderische Verarbeitung:**
Echter Würzburg. Printed in Germany
**ISBN 3–616–06964–5**

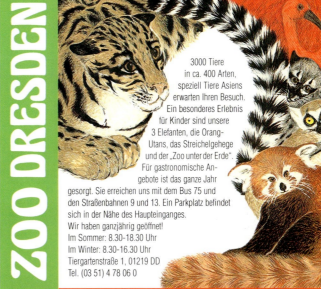

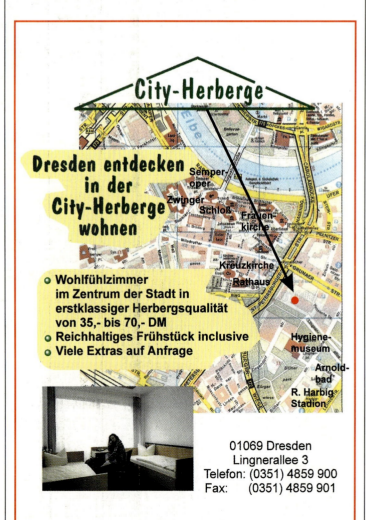